NHK出版
音声DL BOOK

# これからはじめる
# 中国語入門

李 軼倫
Li Yilun

NHK出版

## はじめに

中国語を始めてみようと思ったきっかけは何でしょうか。中国語の映画・ドラマ・歌などに興味を持ったとか、近所や職場にいる中国語ネイティブと交流してみたいとか、あるいは仕事で必要になったとか、いろいろあることでしょう。きっかけは何であれ、新しい言語を始めることはとてもすてきなことですね。

新しい言語といっても、日本語と中国語は漢字を使うという共通点から、昔から大変なじみやすい言語と言えるでしょう。"日本的首都是东京。（日本の首都は東京です。）"のように、漢字を見ればなんとなく意味が分かってしまうことも少なくありません。発音の面でも、例えば"图书馆 túshūguǎn（図書館）"のように、違いはもちろんあるものの、かなり音が似ている単語もあります。

一方、漢字が同じでも意味や発音が全く違うものもたくさんあるので、油断はできません。「油断」と言えば、「油断一秒、怪我一生」を中国語として訳すと「油を1秒でも断つと、一生私のことを責める」のような意味になってしまいます。このように、日本人学習者にとって、中国語の世界は親近感と新鮮に感じる部分の両方があるかと思います。入門しやすくそして楽しく習得できる言語の1つだと言えるでしょう。

また、中国語の基礎文法は比較的シンプルで、短期間で習得することが可能です。とは言っても、急いでやるのではなく、一歩一歩着実に進むことが大事です。

本書は中国語の基礎的な文法項目がほぼ網羅されています。最後まで学習してその内容を身につければ、中国語の基盤がしっかりとできあがります。

文法解説は分かりやすく、簡潔にしました。例文もシンプルなものばかりです。また、習った単語や文法項目は何度も復習できるよう、なるべく繰り返し用いています。各課に用意したスキットは、生き生きとした実用的な会話で構成しています。スキットと例文には音声がついているので、たくさん聞いて耳で覚え、本を見なくても正確に言えるようにしましょう。

　漢字を見てある程度意味が通じてしまうのは日本人学習者にとって有利である一方、聞く・話す練習がおろそかになる原因にもなります。読めるだけでなく、「聞けて話せる」中国語が身につくよう、耳と口の訓練を重点的に行ってください。そうすると、学習が効果的なだけでなく、より楽しくなります。

李 軼倫

# 目次

**第1課** 人称代詞、「〜は…です」、「〜ですか」 20

我是日本人。 私は日本人です。

❶ 人称代詞 ❷ 「〜は…です」（"是" 構文）

❸ 「〜ですか」（"吗" 疑問文）

**第2課** 「これ / それ / あれ」、疑問詞疑問文、"的"(1) 28

这是什么菜？ これは何の料理ですか。

❶ 指示代詞「これ / それ / あれ」 ❷ 疑問詞疑問文

❸ "的 de" の用法 (1)

**第3課** 「この / その / あの」、形容詞述語文、動詞述語文 36

这个菜辣吗？ この料理は辛いですか。

❶ 指示代詞「この / その / あの」 ❷ 形容詞述語文

❸ 動詞述語文

**第4課** 数字、金額の言い方、物事の数え方（量詞） 44

多少钱？ おいくらですか。

❶ 数字の言い方 ❷ 金額の言い方 ❸ 物事の数え方（量詞）

**第5課** 動詞"在"、「ここ / そこ / あそこ」、"吧"(1) 52

你家在哪儿？ おうちはどこにありますか。

❶ 所在を表す動詞 "在 zài" ❷ 指示代詞「ここ / そこ / あそこ」

❸ 語気助詞 "吧 ba" (1) 「〜してください」

**第6課** 動詞"有"、助動詞"得"、変化を表す"了" 60

我家有一只猫。 家に猫が 1 匹います。

❶ 存在を表す動詞 "有 yǒu" ❷ 助動詞 "得 děi" の用法

❸ 変化を表す助詞 "了 le"

# この本の使い方

　この本は24課から構成されています。日常生活で使われる会話（「今回のシチュエーション」）の発音練習をしながら、入門〜初級レベルで必要な文法項目を理解しやすい順番で学びます。

## これを学ぼう！
## これができる！
その課で学ぶ文法項目と、どんな表現ができるかを示しています。

## 今回のシチュエーション
実際のコミュニケーションで使われる会話を用意しました。音声を繰り返し聞いて覚えましょう。

## この課のポイント
「今回のシチュエーション」に出てきた文法項目を学びます。

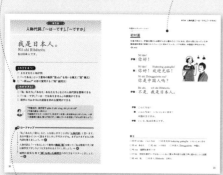

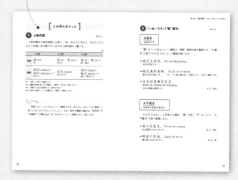

## ロードマップ
その課で学ぶ内容と順番を示しています。

## もうひとがんばり！
その課のポイントに関連した文法知識や関連表現を解説します。

## 練習問題に挑戦しよう
それまでの内容が十分に理解できたか確認しましょう。

# 音声ダウンロードについて

　本書で🔊マークがついている中国語の音声を NHK 出版サイトからダウンロードできます。

- スマホやタブレットでは、NHK出版が提供する無料の音声再生アプリ「語学プレーヤー」でご利用ください。

- パソコンでは、mp3 形式の音声ファイルがダウンロードできます。

- 複数の端末にダウンロードしてご利用いただけます。

◆ NHK出版サイトの会員登録が必要です。詳しいご利用方法やご利用規約は上記Webサイトをご覧ください。

◆ ご提供方法やサービス内容、ご利用可能期間は変更する場合があります。あらかじめご了承ください。

◆ QRコードは株式会社デンソーウェーブの登録商標です。

**お問い合わせ窓口**

## NHK出版 デジタルサポートセンター

## Tel. 0570-008-559 （直通: 03-3534-2356）

受付時間　10:00-17:30 （年末年始・小社指定日を除く）

ダウンロードやアプリのご利用方法など、購入後のお取り扱いに関するサポートを承ります。

# 「中国語」について

## "普通话"とは?

　ご存じの方も多いと思いますが、中国語は中国大陸だけでなく、台湾やシンガポールなどの国や地域でも使用されており、世界で最も使用人口の多い言語で、国連の公用語の1つでもあります。中国語をマスターすれば、世界の約5分の1の人と交流できるようになるのです。世界各地で中国語を習う人がどんどん増えています。

　中国は50以上の民族から構成される多民族国家で、ウイグル語、モンゴル語、チベット語など独自の言語を持っている民族も少なくありません。「中国語」は、厳密に言うと中国人口の90％以上を占める漢民族の人が話す**"汉语 Hànyǔ"**（**"汉语"**は「漢語」の簡体字）のことです。なお、**"汉语"**のほかに、中国語のことを**"中文 Zhōngwén" "华语 Huáyǔ"**などと呼ぶこともあります（話しことばでは**"中文"**と言うことが多いので、この本では**"中文"**という表現をしています）。

　また、日本の東北方言と沖縄方言がかなり違うのと同じように、中国語にも地域によってさまざまな方言が存在し、異なる方言同士が全く通じないことも珍しくありません。そういった状況のもと、中国語の標準語として定められたのが**"普通话 pǔtōnghuà"**です。**"普通话"**とは「あまねく通じることば」という意味で、全国的に広く通用する共通語のことです。私たちがこれから学ぶ中国語はこの**"汉语普通话"**です。

## 「簡体字」について

　数千年の歴史を持つ漢字は、時代の変化につれて字体も変化し続けてきました。現代中国語の文字は**"简体字 jiǎntǐzì"**（簡体字）と呼ばれているものです。例えば「華」という字は簡体字で**"华"**と書きます。それに対して「華」のような字体は「繁体字」と呼ばれています。

　簡体字は中国大陸だけでなく、シンガポールなどでも使われていま

す。一方、台湾や香港などでは、繁体字が使われています。簡体字というと、「略字」のようなイメージがあるかもしれませんが、中国語の正式な文字ですので、書き方を正確に覚えていきましょう。

　日本の漢字は繁体字がたくさん使われていますが、「學」「體」など画数の多いものが「学」「体」に替わった字もありますね。日本語の漢字と簡体字・繁体字を比較してみましょう。

| 【日本語】 | 【簡体字】 | 【繁体字】 |
|:---:|:---:|:---:|
| 気 | 气 | 氣 |
| 図 | 图 | 圖 |
| 車 | 车 | 車 |
| 国 | 国 | 國 |
| 文 | 文 | 文 |

　ごく一部の例ですが、日本語の漢字・簡体字・繁体字がそれぞれ違うものもあれば、いずれも全く同じものもあり、どちらかと同じものもあることが分かりますね。

　簡体字の作り方は数種類あります。例えば、

- 偏や旁を簡略化する　「漢語」➡ "汉语"
- 元の字の一部を残す　「複雑」➡ "复杂"
- 草書体を楷書化する　「為」➡ "为"、「東」➡ "东"
- 同音の簡単な字で代用する　「後」➡ "后"、「葉」➡ "叶"

などです。最初は簡体字を見てちょっと戸惑うかもしれませんが、徐々に慣れていきましょう。

## 「ピンイン」について

　漢字だけでは読み方が分かりませんね。中国語では漢字の読み方を示すための "**拼音 pīnyīn**"（ピンイン）という発音表記システムがあります。ピンインは、アルファベットと声調記号などを用いて漢字の発音を表します。先ほど出てきた "**Hànyǔ**" "**pǔtōnghuà**" "**jiǎntǐzì**" などがそれぞれ "**汉语**" "**普通话**" "**简体字**" のピンイン表記です。ピンインの基本的な構造は以下のようになります。

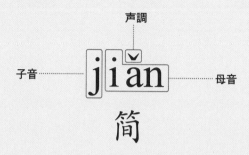

　漢字を見れば、多少書き方が違っていても何となく意味を推測できるものが多く、親近感もありますが、ピンインを見るとがらりと印象が変わるのではないでしょうか。このピンインは今後の中国語学習において非常に重要で、正しい発音を知るために必要なだけでなく、文字入力や辞書を引く際にも不可欠ですから、しっかりマスターしましょう。

　これから本格的な中国語学習が始まりますが、「漢字だけに頼らない」ことを常に意識する必要があります。文字で意味が分かるのは自分の漢字の力のおかげであって、それがイコール中国語力ではないことを忘れてはいけません。音声で理解し正しい発音ができるよう、音声を聞きながら、声に出して何度も練習して体で覚えるよう心がけてください。

# 中国語の発音について

　音節に伴う音の高低や上げ下げの調子を声調と言います。中国語の声調には以下の4種類があり、「四声」と呼びます。

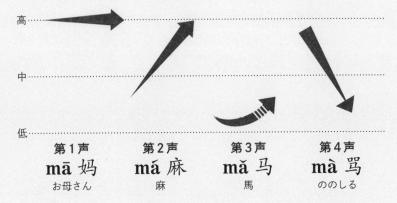

| 第1声 | 第2声 | 第3声 | 第4声 |
| --- | --- | --- | --- |
| mā 妈 | má 麻 | mǎ 马 | mà 骂 |
| お母さん | 麻 | 馬 | ののしる |

※ 母音 "a" の上についているのは声調記号です。声調記号は母音の上につけます。

- **発音のコツ**

　**第1声**：高く平らに伸ばす。最後まで高さを変えずにキープ。

　**第2声**：「ええー？」と驚くように下から一気に上げる。

　**第3声**：声を低く抑える（文末または単独の場合、少し上がることがある）。

　**第4声**：高い声から一気に下げる。「じゃあ、また」の「じゃあ」を言う感じで。

　四声のほかに、ほかの音節の後ろに添えて軽く短く発音する「軽声」と呼ばれるものがあります。軽声には声調記号がありません。

**例**：māma（妈妈）　　yéye（爷爷）　　nǎinai（奶奶）　　bàba（爸爸）
　　　　お母さん　　　　おじいさん　　　　おばあさん　　　　お父さん

## 母音（1）単母音 🔊 A04

**a**

口を大きく開けて、はっきりと「ア」
を発音します。

**o**

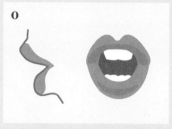

口を丸く突き出して「オ」を発音し
ます。

**e**

口を半開き状態に、下あごに力を入
れてのどの奥から「ウ」を言うイメー
ジで発音します。

**i（yi）**

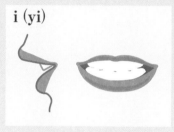

口を横に引いて、「イ」と発音します。

**u（wu）**

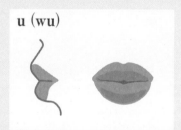

唇を丸くすぼめて前に突き出して、
「ウォ」に近いイメージで発音します。

**ü（yu）**

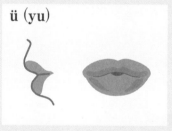

唇は u と同じように丸くすぼめて
前に突き出して、口の中は「イ」を発
音します。

※ カッコの中は子音がつかないときの表記です。（以下同様）

## 母音（2）複母音 🔊 A05

　２つまたは３つの単母音が組み合わさったものを複母音と言います。それぞれ１音節なので、ぶつ切りにしないで滑らかにつないで発音します。複母音の"e"は、単母音"e"の音と違って、「エ」のように発音します。

**強弱型**：前の音を強めに発音するグループ

🔊 **ai　ei　ao　ou**

**弱強型**：後ろの音を強めに発音するグループ

🔊 **ia　ie　ua　uo　üe**
　　(ya)　(ye)　(wa)　(wo)　(yue)

**中強型**：真ん中の音を強めに発音するグループ

🔊 **iao　i[o]u　uai　u[e]i**
　　(yao)　(you)　(wai)　(wei)

　声調記号は、「強」となっている部分につけます。（例：ài méi biǎo）

### ⚠ つづりに注意

　"iou""uei"が子音と組み合わさるとき、間の"o"と"e"の発音は若干弱くなります。そのため、ピンイン表記上、"o"と"e"は消えてしまいます。その際、声調記号はその後ろのほうに移動します。

　**例**：li(ǒ)u ➡ liù　　hu(è)i ➡ huì

　"o"と"e"は表記から脱落しますが、"o"と"e"の音が完全に消えるわけではないので、これらの発音には十分注意しましょう。

## 中国語の発音について

---

### 母音（3）鼻母音 ◁ッ A06

　日本語の「ン」のような鼻にかかる母音で、中国語には "-n" と "-ng" で終わる2とおりのものがあります。"an" と "ang" を例にして、発音の違いを見てみましょう。

| | an | ang |
|---|---|---|
| 舌の位置 | ・前寄り<br>・舌先を上の歯茎に当てて閉じる | ・後ろ寄り<br>・舌のつけ根を持ち上げる |
| 口の空間 | 狭め | 広め |
| 音色 | アェン | アン |

　◁ッ an － ang　　en － eng　　ong

　◁ッ ian － iang　　in － ing　　iong
　　 (yan) (yang)　　(yin) (ying)　　(yong)

　◁ッ uan － uang　　u[e]n － ueng　　üan　ün
　　 (wan) (wang)　　(wen) (weng)　　(yuan) (yun)

**⚠ つづりに注意**

　"uen" が子音と組み合わさるとき、間の "e" の発音は若干弱くなります。そのため、ピンイン表記上、"e" は消えてしまいますが、"e" の音が完全に消えるわけではないので注意が必要です。

　　例： lu(é)n ➡ lún　　su(ē)n ➡ sūn

16

## 子音 🔊 A07

　中国語の子音は 21 個あります。発音の特徴によって以下の 6 グ
ループに分類します。

<table>
<tr><td></td><td></td><td>無気音</td><td>有気音</td><td></td><td></td></tr>
<tr><td>🔊 ❶ 唇音</td><td></td><td>b (o)</td><td>p (o)</td><td>m (o)</td><td>f (o)</td></tr>
<tr><td>🔊 ❷ 舌尖音</td><td></td><td>d (e)</td><td>t (e)</td><td>n (e)</td><td>l (e)</td></tr>
<tr><td>🔊 ❸ 舌根音</td><td></td><td>g (e)</td><td>k (e)</td><td>h (e)</td><td></td></tr>
<tr><td>🔊 ❹ 舌面音</td><td></td><td>j (i)</td><td>q (i)</td><td>x (i)</td><td></td></tr>
<tr><td>🔊 ❺ そり舌音</td><td></td><td>zh (i)</td><td>ch (i)</td><td>sh (i)</td><td>r (i)</td></tr>
<tr><td>🔊 ❻ 舌歯音</td><td></td><td>z (i)</td><td>c (i)</td><td>s (i)</td><td></td></tr>
</table>

※ 子音のみで発音できないので、母音をつけて発音します。習慣上、カッコ
　内の母音をつけます。

### • 無気音と有気音

　日本語の「ぼ」と「ぽ」のように濁音と清音で音を区別するのと違っ
て、中国語の "**bo**" と "**po**" は、息の量と強さの違いで音を区別しま
す。"**bo**" のような息が少なめ・弱めの音は無気音、"**po**" のような息
が多め・強めの音は有気音と言います。無気音と有気音の区別はとて
も大事です。

| b | o |　**無気音**：なるべく息を抑えて控えめに発音します。

| p |息| o |　**有気音**："**p**" に続いてのどの奥から "**ho**" と息を多め・強
　　ho　　　めに出します。

## 中国語の発音について

- **特に注意が必要な子音**

  **f**　上の歯と下唇で摩擦を起こすように発音します（英語の f と同じ要領）。

  **h**　のどの通路を狭めて、摩擦を伴うように発音します。

  **j、q、x に ü で始まる母音が続く場合**
  "ü" の上の点を取って "u" と書きます。しかしこれはつづりの規則であって、発音はあくまでも "ü" のままです。

  **zh、ch、sh、r**
  舌をそり上げて発音します。舌の表面にあめや薬を載せているつもりで、スプーンのようにくぼんだ形にするのがコツです。

  ※ "zhi、chi、shi、ri" の "i" の音は、"ji、qi、xi" の "i" のような「イ」とは違う音です。この音は子音 "zh/ch/sh/r" と一緒にしか現れないので、それぞれまとまった 1 つの音として覚えましょう。

  ※ "zi、ci、si" の "i" も「イ」とは違う音です。この音は "z/c/s" の子音と一緒にしか現れないので、それぞれまとまった 1 つの音として覚えましょう。

---

### そり舌母音 er と「r化」 ◁)) A08

そり舌母音 "er" は舌を上あごに向けてそり上げて発音します。
「r化」とは、音節の最後で er を合体させ、舌をそり上げて発音することです。r化された音を「r化音」と言います。ピンインでは r のみを最後につけます。漢字は "儿" を加えて 2 文字になりますが、r化された音節は 2 つの音節になったのではなく、あくまでも 1 音節として滑らかにつなげて発音しましょう。

#### ⚠注意

漢字は同じ "儿" と書いてあっても、そり舌母音 er 自体が 1 音節になるのに対して、r化音の場合は 2 文字で 1 音節になります。

[そり舌母音]　　　　　　　　　　　[r化]
◁)) 例：女儿 nǚ'ér　娘……2音節　　　　花儿 huār　花……1音節

※ "nǚ'ér" のように a、o、e で始まる音節の前に別の音節がある場合、切れ目を示すために、間に「'」（隔音記号）を入れる必要があります。

## 声調変化（変調） ◁) A09

- 「第3声＋第3声」の変調

　低く抑えて発音する第3声が続くと発音しにくいため、前の音が第2声に変わります。ただし、声調記号は第3声のままで書きます。

　◁) 例：你好 nǐhǎo　　こんにちは（実際の発音は níhǎo）

　　　水饺 shuǐjiǎo　水ギョーザ（実際の発音は shuíjiǎo）

- "不 bù" の変調

　「〜しない、〜でない」という否定の意味を表す "不 bù" は、もともと第4声ですが、第4声の前では第2声 "bú" に変わります。

　◁) 例：不吃 bù chī　　食べない　　不来 bù lái　　来ない

　　　不好 bù hǎo　　よくない　　不看 bú kàn　　見ない

- "一 yī" の変調

　"一 yī" はもともと第1声ですが、第1声、第2声、第3声の前では "yì" と第4声に、第4声の前では "yí" と第2声に変わります。

　◁) 例：一分 yì fēn　　1分　　一年 yì nián　　1年

　　　一秒 yì miǎo　1秒　　一次 yí cì　　　1回

　順序を表す場合と単語の末尾に位置する場合は "yī" と発音されます。

　◁) 例：一年级 yīniánjí　　1年生

　　　一月 yī yuè　　　　1月

　　　唯一 wéiyī　　　　　唯一の

# 人称代詞、「〜は…です」、「〜ですか」

# 我是日本人。

Wǒ shì Rìběnrén.

私は日本人です。

........................................

### これを学ぼう！

☐ さまざまな人称代詞

☐ 「〜である」という意味の動詞 "是 shì" を用いる構文（"是" 構文）

☐ "〜吗 ma?" の形で質問する（"吗" 疑問文）

### これができる！

☐ 「私・私たち」「あなた・あなたたち」などの人称代詞を習得できる

☐ 「〜は…です」「〜は…ではありません」の表現ができる

☐ 相手に Yes か No の返答を求める質問ができる

"千里之行，始于足下 qiān lǐ zhī xíng, shǐ yú zú xià"
（千里の道も一歩から）
中国語のマスターに向けて、記念すべき第一歩を踏み出しましたね。一歩
一歩着実に進み、焦らず怠けず、一緒にゴールを目指してがんばりましょう。

### 📍 ロードマップ ||||||||||||||||||||||||||||||||||||||||||||||||||||||

- 「私」「あなた」「彼ら」など、人を指し示すことばを「人称代詞」と言います。
  自分や誰かについて話をするときに不可欠ですね。まずはさまざまな人称
  代詞を覚えましょう。➡ ①

- 人称代詞と「〜である」という意味の動詞 "是" を使って、「私は教員です」「彼
  は留学生です」のような文を作れるようにしましょう。➡ ②

- 疑問の語気を表す "吗" を用いた疑問文の作り方をマスターしましょう。
  ➡ ③

20

# 初対面

仕事が終わり、伊藤大輝さんは駅から少し離れたところにある、前から気になっていた中国家庭料理店「回家（ホイジャー）」に初めて入った。ドアを開き、中国語で声をかける。

🔊 A10

Nǐ hǎo!
伊藤：你好！

Nǐ hǎo!　　Huānyíng guānglín!
劉：你好！ 欢迎光临！

Nǐ shì Zhōngguórén ma?
你是中国人吗？

Bú shì,　wǒ shì Rìběnrén.
伊藤：不是，我是日本人。

伊藤：こんにちは！

劉：こんにちは！ いらっしゃいませ！
　　中国の方ですか。

伊藤：いいえ、私は日本人です。

## 語注

□ 你好 nǐ hǎo　こんにちは　　□ 欢迎光临 huānyíng guānglín　いらっしゃいませ

□ 你 nǐ　あなた　　□ 是 shì　〜である　　□ 中国人 Zhōngguórén　中国人

□ 吗 ma　（疑問を表す）〜か

□ 不 bù　（否定を表す）〜ではない、〜しない［第4声の前では第2声に変わることに注意］

□ 我 wǒ　私　　□ 日本人 Rìběnrén　日本人

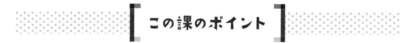

## 1 人称代詞

🔊 A11

人称代詞は人称代名詞とも言い、「私・私たち」「あなた・あなたたち」
など人を指し示す語です。以下は人称代詞の一覧です。

🔊

|  | 1人称 | 2人称 | 3人称 |
|---|---|---|---|
| 単数 | 我 wǒ<br>私 | 你 nǐ / 您 nín ※1<br>あなた | 他 tā / 她 tā ※2<br>彼 / 彼女 |
| 複数 | 我们 wǒmen /<br>咱们 zánmen ※3<br>私たち | 你们 nǐmen<br>あなたたち | 他们 tāmen /<br>她们 tāmen ※4<br>彼ら / 彼女たち |

※1 "您"は"你"の敬称です。
※2 動物や物を指し示す場合、一般的に"它 tā"を使います。
※3 "咱们"は北方地域でよく使われます。
※4 男女が混在している場合は、"他们"と表記します。

 メモ

"你好"は「こんにちは」という意味ですが、目上の人に対しては"您好"と
言ったほうがふさわしいでしょう。なお、相手が複数の場合は、"你们好"や
"大家好"("大家 dàjiā"は「みなさん」という意味です)と言います。

## ❷ 「〜は…です」("是" 構文)

🔊 A12

### A是B
### AはBです

"是" は「〜である」という意味で、判断・説明を表す動詞です。"A 是 B" の形で「A は B です」という関係を表します。

🔊 **我是大学生。** Wǒ shì dàxuéshēng.
私は大学生です。

🔊 **她是我的老师。** Tā shì wǒ de lǎoshī.
彼女は私の先生です。　　　　　　　　　　　　的：〜の　老师：教師、先生

🔊 **日本的首都是东京。**
Rìběn de shǒudū shì Dōngjīng.
日本の首都は東京です。　　　　　　　　　　　　　　　　东京：東京

### A不是B
### AはBではありません

「A は B ではない」と否定する場合、"是" の前に "不" をつけて、"A 不是 B" の形で表現します。

🔊 **我不是医生。** Wǒ bú shì yīshēng.
私は医師ではありません。　　　　　　　　　　　　　　医生：医師

🔊 **鲸鱼不是鱼。** Jīngyú bú shì yú.
鯨は魚ではありません。　　　　　　　　　　　　　　　鲸鱼：鯨

## ❸ 「〜ですか」（"吗" 疑問文）

 A13

### A是B吗？
AはBですか

「あなたは留学生ですか」のような質問をするとき、文末に疑問を表す助詞 "吗" をつけて、"A是B吗?" の形にします。

你是留学生吗？ Nǐ shì liúxuéshēng ma?
あなたは留学生ですか。

他是你的朋友吗？ Tā shì nǐ de péngyou ma?
彼はあなたの友達ですか。

朋友：友達

### A不是B吗？
AはBではないのですか

"A不是B吗?" の形だと、「〜ではないのですか」という意味になります。

鲸鱼不是鱼吗？ Jīngyú bú shì yú ma?
鯨は魚ではないのですか。

 メモ

すべての疑問文に "吗" をつけるわけではありません。"吗" を用いる疑問文は、相手に Yes か No の返答を求める場合に使われます。"吗" を使わないタイプの疑問文はこれから学んでいきます。

第1課の学習はいかがでしたか。英語と違って、人称代詞や単数・複数による動詞の変化もなく、疑問文は平叙文と語順が変わらないなどの点において、中国語の文法のほうがシンプルですね。さあ、ここからはもうひとがんばりして、自分の名前を中国語で言えるようになりましょう。

## ✚ もうひとがんばり！　　　　　　　　　　🔊 A14

### ◆ 名前の言い方

- 姓だけを言う場合は、"我姓〜。"のように言います。

  🔊 我姓李。 Wǒ xìng Lǐ.　　　　　　　　　姓：姓は〜と言う
  李と申します。

  🔊 我姓伊藤。 Wǒ xìng Yīténg.
  伊藤と申します。

- フルネームや下の名前だけを言う場合は、"我叫〜。"のように言います。

  🔊 我叫李轶伦。 Wǒ jiào Lǐ Yìlún.　　　叫：名前は〜と言う
  李軼倫と申します。

  🔊 我叫伊藤大辉。 Wǒ jiào Yīténg Dàhuī.
  伊藤大輝と申します。

- 自己紹介するときなど、"我姓〜，叫〜。"のように2段階で言ったほうがより通じやすく、覚えてもらいやすくなります。

  🔊 我姓伊藤，叫伊藤大辉。
  Wǒ xìng Yīténg, jiào Yīténg Dàhuī.
  私は伊藤で、伊藤大輝と申します。

  ※ "我是伊藤大辉。(伊藤大輝です)"という言い方もありますが、これは相手がすでに自分のことをある程度知っている場合に使われることが多いです。「伊藤大輝と言います」のように、初対面で自己紹介をするときは、"我叫伊藤大辉。"を使うのが一般的です。

**1** 与えられた漢字の上にピンインを、
ピンインの下に漢字を書いてください。

(1)　　　　　　　(2)　　　　　　　(3)

　是　　　　日本人　　　中国人

(4) ma　　　　(5) huānyíng　　　(6) guānglín

**2** 日本語の意味になるよう、語句を正しい順に並べ替えてください。

(1) 彼女は先生です。

　( 老师 / 她 / 是 )。

_____

(2) 私は大学生ではありません。

　( 大学生 / 我 / 是 / 不 )。

_____

(3) あなたは中国人ではないのですか。

　( 是 / 你 / 吗 / 中国人 / 不 )？

_____

(4) 中国の首都は北京です。　　　　　　　　(北京：北京 Běijīng)

　( 中国 / 北京 / 首都 / 是 / 的 )。

_____

**3** 日本語を中国語に訳してください。

(1)（目上の人に対して）こんにちは。

_____

(2) 私は日本人です。

_____

(3) あなたは中国の方ですか。

_____

(4) 私は伊藤大輝と申します。

_____

**4** 音声を聞いて、ピンインの声調記号をつけてください。　　　　　◁)) A15

※ i の上に声調記号がくる場合、i の点は書かず、ī í ǐ ì のようになります。

(1) 姓　　　　　xing

(2) 老师　　　　laoshi

(3) 你们　　　　nimen

(4) 留学生　　　liuxuesheng

# 「これ / それ / あれ」、疑問詞疑問文、"的"(1)

# 这是什么菜？

Zhè shì shénme cài?

これは何の料理ですか。

· · · · · · · · · · · · · · · · · · · · · · · · · · · · · · · · · · · · · · · · · · · · · · · · · · · · · · · ·

## これを学ぼう！

- ☐ 物を指し示す指示代詞「これ / それ / あれ」
- ☐ 疑問詞を用いる疑問文
- ☐ "的de"の用法

## これができる！

- ☐ 指示代詞"这zhè（これ）""那nà（あれ）"を使って物を指し示すことができる
- ☐ 「何」「誰」などの疑問詞を用いて質問することができる
- ☐ 「先生の本」「私の娘」のように、名詞性の語句で名詞を修飾することができる

 海外旅行は好きですか。外国の風景を見るだけではなく、その国のことばで地元の人と交流できたら、旅行がもっと楽しくなりますね。今回は「これは何の料理ですか」「あれは何ですか」など、旅先でも使えそうな表現を学びます。

## 🔍 ロードマップ |||||||||||||||||||||||||||||||||||||||||||||||||||||||||||||||||||||||||||||||||

- 指示代詞"这""那"を使って、<u>これ / それ / あれは～です</u>の表現ができるようにしましょう。➡ **1**

- 「これは何ですか」のように、疑問詞を使って**具体的な情報が聞ける**ようになりましょう。➡ **2**

- 名詞を修飾するとき、原則として修飾語のあとに**助詞"的"**を入れますが、省略されることもあります。今回は「<u>名詞性の語句で名詞を修飾</u>」の場合を見ていきます。➡ **3**

今回のシチュエーション

# 料理について話す

店のオーナーの妻・劉桂香さんがメニューを持ってきた。

🔊 A16

劉：Zhè shì càidān.
这是菜单。

伊藤：Xièxie. Zhè shì shénme cài?
谢谢。 这是什么菜？

劉：Zhè shì "dìsānxiān",
这是"地三鲜",

shì wǒmen diàn de zhāopáicài.
是我们店的招牌菜。

劉：メニューでございます。

伊藤：ありがとうございます。これは何の料理ですか。

劉：これは地三鮮（ディサンシェン）という料理で、

うちの店の看板料理です。

## 語注

□ 这 zhè　これ　　□ 菜单 càidān　メニュー　　□ 谢谢 xièxie　ありがとう

□ 什么 shénme　何、何の、どんな　　□ 菜 cài　料理、おかず

□ 地三鲜 dìsānxiān　（料理名）地三鮮（ディサンシェン）（ジャガイモ・ピーマン・ナスの炒め物）

□ 店 diàn　店　　□ 的 de　（名詞の修飾語を作る助詞）～の

□ 招牌菜 zhāopáicài　看板料理

29

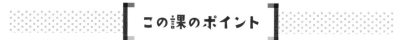

# ［ この課のポイント ］

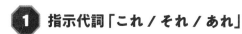

**1 指示代詞「これ / それ / あれ」**

◁» A17

| これは〜です | それは〜です | あれは〜です |
|---|---|---|
| 这 是 〜 Zhè shì〜 | | 那 是 〜 Nà shì〜 |

　物を指し示すことばには、日本語の場合は「これ」「それ」「あれ」の3つがありますが、中国語では、英語の"this/that"と同じように、話し手からの遠近によって"这 zhè"と"那 nà"の2つを使い分けます。

◁» 这是乌龙茶。 Zhè shì wūlóngchá.
これはウーロン茶です。
　　　　　　　　　　　　　　　　　　　乌龙茶：ウーロン茶

◁» 那是樱花吗？ Nà shì yīnghuā ma?
あれは桜ですか。
　　　　　　　　　　　　　　　　　　　樱花：桜、桜の花

◁» 那不是樱花。 那是梅花。
Nà bú shì yīnghuā. Nà shì méihuā.
あれは桜ではありません。あれは梅の花です。
　　　　　　　　　　　　　　　　　　　梅花：梅の花

　複数形はそれぞれ"这些 zhèxiē""那些 nàxiē"になります。

◁» 这些都是中国菜。 Zhèxiē dōu shì zhōngguócài.
これらは全部中国料理です。
　　　　　　　　　　　　　　　　　　　都：みな、全部

📖 メモ ................
　日本語の「それ」を表すには、場面によって"这 / 那"のいずれにも対応することがありますが、どちらかというと"那"を用いることが多いです。

30

## ❷ 疑問詞疑問文

◁)) A18

"什么 shénme (何)" "谁 shéi (誰)" などの疑問詞を用いる疑問文です。

◁)) **这是什么？** Zhè shì shénme?
これは何ですか。

◁)) **幸福是什么？** Xìngfú shì shénme?
幸せとは何ですか。

幸福：幸せ、幸福

疑問詞疑問文の語順は平叙文と同じです。また、疑問詞の位置は決まっていません。聞きたいところを疑問詞に置き換えるだけです。

◁)) <u>谁</u>是店长？ Shéi shì diànzhǎng?
誰が店長ですか。

店长：店長

—— <u>他</u>是店长。 Tā shì diànzhǎng.
彼が店長です。

◁)) 他是<u>谁</u>? Tā shì shéi?
彼は誰ですか。

—— 他是<u>店长</u>。 Tā shì diànzhǎng.
彼は店長です。

📖✐ **メモ** ......................................................

疑問詞自体が疑問の意味を表しているので、文末に疑問の語気を表す"吗"はつけません。

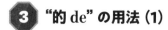 **"的 de" の用法 (1)**

　名詞を修飾できる語として、名詞・形容詞・動詞・数詞などいろいろ
ありますが、今回は名詞や人称代詞で名詞を修飾する方法を学びます。

> ### 修飾語＋的＋名詞

　名詞を修飾する際には、原則として間に助詞 "的 de" を入れます。

◁) 中国 的 首都
Zhōngguó de shǒudū
中国の首都

◁) 日本 的 櫻花
Rìběn de yīnghuā
日本の桜

◁) 我 的 伞
wǒ de sǎn
私の傘　　　伞：傘

◁) 老师 的 书
lǎoshī de shū
先生の本　　　书：本

◁) 这 是 谁 的 伞？ Zhè shì shéi de sǎn?
これは誰の傘ですか。

　　　—— 是 我 的。 Shì wǒ de.
　　　私のです。

　"是我的。" のように、場面や文脈で何を言っているのかが明らかなら
ば、"的" の後ろの部分は言わなくてもかまいません。その場合、"～的"
は「～の」「～のもの」という意味になります。

 ここまで見てきた "的" ですが、なんとなく日本語の「～の」に似ています
ね。しかし、実は "的" ＝「の」というわけではありません。日本語では必ず
「の」が必要な場合でも、中国語では "的" を省略することがあります。も
うひとがんばりして、省略できるケースも見ていきましょう。

# ✚ もうひとがんばり！

## ◆ "的" が省略できる場合

以下の場合、"的" はしばしば省略されます。

- 人称代詞＋親族などの人間関係を表す名詞

    我女儿 wǒ nǚ'ér　　他爸爸 tā bàba
    私の娘　　　女儿：娘　　彼のお父さん　　爸爸：お父さん

- 人称代詞＋所属集団を表す名詞

    我家 wǒ jiā　　　　你们学校 nǐmen xuéxiào
    私の家　　　　　　あなたたちの学校

- 慣用語化したもの

    中国茶 zhōngguóchá　中文书 Zhōngwén shū
    中国茶　　　　　　中国語の本　　　　中文：中国語

なお、疑問詞 "什么" は「何」のほか、「何の」「どんな」の意味もあるので、後ろに名詞が来る場合は、"的" を使う必要がありません。

    什么书 shénme shū
    何の本

33

1 与えられた漢字の上にピンインを、
ピンインの下に漢字を書いてください。

(1)　　　　　　　　(2)　　　　　　　　(3)

　　菜单　　　　　谢谢　　　　　店

(4) zhè　　　　　　(5) shénme　　　　(6) shéi


2 日本語の意味になるよう、語句を正しい順に並べ替えてください。

(1) 彼女のお父さんは医師です。
　　( 爸爸 / 医生 / 是 / 她 )。

――――――――――――――――――――

(2) あれが私たちの学校です。
　　( 是 / 那 / 学校 / 我们 )。

――――――――――――――――――――

(3) これは私の傘ではありません。
　　( 这 / 伞 / 我 / 是 / 不 / 的 )。

――――――――――――――――――――

(4) これらは全部先生の本です。
　　( 老师 / 这些 / 都 / 是 / 的 / 书 )。

――――――――――――――――――――

**3** 日本語を中国語に訳してください。

(1) あれは何ですか。

_____

(2) 誰が先生ですか。

_____

(3) これは何の本ですか。

_____

(4) これらは全部日本料理です。　　　　　　(日本料理：日本菜 rìběncài)

_____

**4** 音声を聞いて、ピンインの声調記号をつけてください。　　　🔊 A21

(1) 梅花　　　meihua

(2) 首都　　　shoudu

(3) 乌龙茶　　wulongcha

(4) 招牌菜　　zhaopaicai

# 「この / その / あの」、形容詞述語文、動詞述語文

# 这个菜辣吗？

Zhèige cài là ma?

この料理は辛いですか。

## これを学ぼう！

- □ 指示代詞「この / その / あの」
- □ 形容詞述語文
- □ 動詞述語文

## これができる！

- □ 「この～ / その～ / あの～」や「どの～」の表現ができる
- □ いろいろな形容詞を使って作文できる
- □ 動詞を使って日常の行動を述べることができる

「私はサンドイッチを食べます」「私はうれしいです」など、動詞や形容詞を活用して日常の行動や気持ちを表現できるようにします。表現力が一気に高まりますね。では、今回も一緒に "加油！Jiāyóu!"（がんばりましょう！）

## 🔵 ロードマップ ||||||||||||||||||||||||||||||||||||||||||||||||||||||||||||||

- 第2課で習った "这" と "那" に "个 ge" をつけて、**"这个 zhèige" "那个 nèige"** の形にすると、「この / その / あの」という表現になります。➡ **①**
- 形容詞を使った説明や描写ができるようになりましょう。➡ **②**
- 動詞を使った動作や行為を表現できるようになりましょう。➡ **③**

## 料理を注文する

伊藤さんは辛い料理が苦手。この「地三鮮」は辛くなさそうだが、念のため聞いてみる。

🔊 A22

> **伊藤：**
> Zhèige cài là ma?
> 这个菜辣吗？

> **劉：**
> Bú là.
> 不辣。

> **伊藤：**
> Wǒ yào zhèige.
> 我要这个。

> **劉：**
> Hǎo.　Qǐng shāo děng.
> 好。请稍等。

**伊藤：**この料理は辛いですか。

**劉：**辛くありません。

**伊藤：**これをください。

**劉：**はい。少々お待ちください。

## 語注

□ 这个 zhèige　この、これ　　□ 辣 là　辛い

□ 要 yào　ほしい、〜をください、注文する　　□ 好 hǎo　はい、オーケー

□ 请 qǐng　どうぞ〜してください　　□ 稍 shāo　少し、少々　　□ 等 děng　待つ

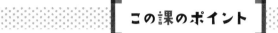

## ① 指示代詞「この / その / あの」 ◁)) A23

| この〜 | その〜 | あの〜 |
|--------|--------|--------|
| 这个 〜 zhèige / zhège〜 | | 那个 〜 nèige / nàge〜 |

「"这个 / 那个"＋名詞」の形で「この〜 / その〜 / あの〜」の意味を表すことができます。発音は 2 とおりありますが、どちらでも OK です。

◁)) 那个人是谁？ Nèige rén shì shéi?
あの人は誰ですか。

◁)) 这个菜很好吃。 Zhèige cài hěn hǎochī.
この料理はとてもおいしいです。　　　　　很：とても　好吃：（食べて）おいしい

「どの〜」は、「"哪个 něige/nǎge"＋名詞」の形で聞きます。"那个"と発音も漢字も似ていますので、間違えないように気をつけましょう。

◁)) 哪个菜是招牌菜？ Něige cài shì zhāopáicài?
どの料理が看板料理ですか。

📖✎メモ......................................................................

日本語の「その」は、場面によって"这个 / 那个"のいずれにも対応することがありますが、どちらかというと"那个"を用いることが多いです。

38

## ② 形容詞述語文　　　　　　　　◁》 A24

"这个菜很好吃。(この料理はとてもおいしいです)"のように、形容詞が述語になる文を形容詞述語文と言います。

◁》**我很高兴。** Wǒ hěn gāoxìng.
私はうれしいです。　　　　　　　　　　　　　　　　　高兴：うれしい

◁》**今天非常热。** Jīntiān fēicháng rè.
きょうは非常に暑いです。　　　　　　　　　　　今天：きょう　热：暑い

一般的に、形容詞の前には"很""非常"などの程度副詞を用いる必要があります。程度副詞がないと言い終わっていないような文になります。特に程度の意味を表す必要がない場合は、"很"を使いましょう。"很"は「とても」という意味ですが、強調して読まない限り、程度の意味はあまり感じられません。

否定文と疑問文の場合は、程度以前のことですので、程度副詞を使う必要はありません。

◁》**今天不热。** Jīntiān bú rè.
きょうは暑くありません。

◁》**这个菜好吃吗？** Zhèige cài hǎochī ma?
この料理はおいしいですか。

📖✏**メモ** ......................................................

比較・対照のニュアンスを表す場合は、程度副詞がなくても文が成立します。

昨天热，今天不热。 Zuótiān rè, jīntiān bú rè.
きのうは暑かったけれど、きょうは暑くありません。　　　　昨天：きのう

39

　動詞や動詞フレーズが述語になる文を動詞述語文と言います。動詞述語文の基本語順は以下のとおりです。

> ### 主語＋動詞＋目的語

◁)) 你吃什么？ Nǐ chī shénme?
何を食べますか。
吃：食べる

　　—— 我吃三明治。 Wǒ chī sānmíngzhì.
サンドイッチを食べます。
三明治：サンドイッチ

◁)) 你喝咖啡吗？ Nǐ hē kāfēi ma?
コーヒーを飲みますか。
喝：飲む　咖啡：コーヒー

　　—— 我不喝。谢谢。 Wǒ bù hē. Xièxie.
結構です。ありがとうございます。

　疑問文にするには、語順を変える必要はなく、文末に"吗"をつけるか、聞きたい部分を疑問詞に言い換えるだけです。否定文にするときは、動詞の前に"不"をつけます（ほかの否定表現もありますが、今後学習します）。

📖 メモ ……………………………………………………………………………

　動詞が2つ以上用いられる文は「連動文」と言います。動詞（フレーズ）は実際に動作が行われる順番で並びます。

我　　去　　买　咖啡。 Wǒ qù mǎi kāfēi.
　　動詞1　動詞2
去：行く　买：買う

私は行ってコーヒーを買います。→私はコーヒーを買いに行きます。

日常会話において、「何々をする」「何々はどうであるか」のような文はよく使われますよね。学習した動詞や形容詞だけでなく、辞書などを利用して、あなたの日常をいろいろ表現してみてくださいね。

## ➕ もうひとがんばり！

◁》 A26

### ◆ "这个" の意味：「この」から「これ」へ

◁》 这个菜辣吗？ Zhèige cài là ma?
<u>この</u>料理は辛いですか。

◁》 我要这个。 Wǒ yào zhèige.
<u>これ</u>をください。

　スキットに出てきた2つの"这个"が、それぞれ「この」と「これ」に訳されていますね。「"这个" ＋名詞」の形は「この〜」の意味になりますが、名詞の部分は言わなくても分かる場合は省略することができます。つまり、"我要这个。"は"我要这个菜。"の"菜"が省略された形です。その場合、「この」ではなく「これ」と訳したほうが自然ですね。"那"と"那个"に関しても同じです。なお、「どれ」は一般的に"哪个"を使います。"哪"だけの形はあまり使いません。

**1** 与えられた漢字の上にピンインを、
ピンインの下に漢字を書いてください。

(1)
很

(2)
辣

(3)
咖啡

(4) chī

(5) zhèige

(6) něige

**2** 日本語の意味になるよう、語句を正しい順に並べ替えてください。

(1) 私はウーロン茶を買います。
　　( 乌龙茶 / 我 / 买 )。

_____

(2) あなたは日本酒を飲みますか。
　　( 日本酒 / 你 / 喝 / 吗 )？

_____

(3) この料理は非常に辛いです。
　　( 菜 / 辣 / 非常 / 这个 )。

_____

(4) 私たちは桜を見に行きます。　　　　　　　　　(見る：看 kàn)
　　( 看 / 去 / 櫻花 / 我们 )。

_____

## 3 日本語を中国語に訳してください。

(1) きょうは暑いですか。

_____

(2) あれをください。

_____

(3) あなたは何を飲みますか。

_____

(4) 私はコーヒーを飲みます。

_____

## 4 音声を聞いて、ピンインの声調記号をつけてください。　　　🔊 A27

(1) 高興　　　gaoxing

(2) 好吃　　　haochi

(3) 三明治　　sanmingzhi

(4) 请稍等　　qing shao deng

# 数字、金額の言い方、物事の数え方（量詞）

# 多少钱？

Duōshao qián?

おいくらですか。

・・・・・・・・・・・・・・・・・・・・・・・・・・・・・・・・・・・・・・・・・・・・・・・・

**これを学ぼう！**

□ 数字の言い方

□ 金額の言い方

□ 物事の数え方（量詞）

**これができる！**

□ 数字が言える

□ 金額を聞いたり言ったりすることができる

□ 量詞（助数詞）を使って物を数えることができる

日付・時刻・金額などを言うのに、必要不可欠な数字。中国語の数字の言い方は日本語と基本的には似ていますが、違う言い方をすることもあります。そういうところには特に注意しましょう。数字の言い方をしっかり覚えれば、買い物がもっと楽しくなりますね！

📍 **ロードマップ** ▏▎▍▌▋▊▉▊▋▌▍▎▏▎▍▌▋▊▉▊▋▌▍▎▏▎▍▌▋▊▉▊▋▌▍▎▏▎▍▌▋▊▉▊▋▌▍▎▏

- まずは<u>数字の言い方と組み合わせ方</u>をマスターしましょう。➡ ❶

- 数字を活用して、<u>中国元と日本円の金額が言える</u>ようになりましょう。
  ➡ ❷

- <u>数字と量詞のセット</u>で物を数えることができるようになりましょう。➡ ❸

今回のシチュエーション

## お勘定

初めて食べる料理なのに、なぜか懐かしく感じる味だった。伊藤さんはレジへ行って勘定する。

🔊 A28

**伊藤：**
Máfan nín, jiézhàng.　Duōshao qián?
麻烦您，结账。多少钱？

**劉：**
Xièxie!　Yì bēi shēngpíjiǔ,
谢谢！一杯生啤酒，

yí ge dìsānxiān tàocān,
一个地三鲜套餐，

yígòng yìqiān líng bāshí rìyuán.
一共一千零八十日元。

**伊藤：**すみません、お勘定をお願いします。おいくらですか。

**劉：**ありがとうございます！　生ビール１杯、
ディサンシェン
地三鲜セット１つ、
全部で 1080 円です。

## 語注

□ 麻烦 máfan　お手数をかける（"麻烦您"で「お手数ですが、すみません」という意味の

慣用表現）　□ 结账 jiézhàng　会計する、勘定する　□ 多少 duōshao　どのくらい

□ 钱 qián　お金（"多少钱?"で「おいくらですか」と金額を尋ねるときの決まり文句）

□ 杯 bēi　〜杯　□ 生啤酒 shēngpíjiǔ　生ビール（"啤酒"が「ビール」の意味）

□ 套餐 tàocān　セットメニュー、定食　□ 一共 yígòng　全部で、合計で

□ 日元 rìyuán　日本円、円

## 1 数字の言い方

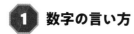 A29

　0 ～ 99 の言い方は日本語と同じ要領です。0 ～ 10 の発音を覚えれば、あとは日本語と同じように組み合わせるだけです。

| 零 | 一 | 二 | 三 | 四 | 五 |
|---|---|---|---|---|---|
| líng | yī | èr | sān | sì | wǔ |

| 六 | 七 | 八 | 九 | 十 |
|---|---|---|---|---|
| liù | qī | bā | jiǔ | shí |

| 十一 | 十二 | …… | 二十 |
|---|---|---|---|
| shíyī | shí'èr | | èrshí |

| 二十一 | …… | 九十九 |
|---|---|---|
| èrshiyī | | jiǔshijiǔ |

※ 2 桁の数の間の "十" は軽声で発音されます。

　100 以上の数字は日本語と言い方が違うところがあります。

| 一百 | 一百零一 | 一百一（十） |
|---|---|---|
| yìbǎi | yìbǎi líng yī | yìbǎi yī(shí) |
| 100 | 101 | 110 |

| 一百一十一 | 二 / 两百 |
|---|---|
| yìbǎi yīshiyī | èr / liǎngbǎi |
| 111 | 200 |

| 一千 | 一千零一 | 一千零一十 |
|---|---|---|
| yìqiān | yìqiān líng yī | yìqiān líng yīshí |
| 1000 | 1001 | 1010 |

| 一千一（百） | 二千 / 两千 |
|---|---|
| yìqiān yī / yìqiān yìbǎi | èr / liǎngqiān |
| 1100 | 2000 |

| 一万 | 十万 | 一百万 | 一千万 | 一亿 |
|---|---|---|---|---|
| yíwàn | shíwàn | yìbǎiwàn | yìqiānwàn | yíyì |
| 1万 | 10万 | 100万 | 1000万 | 1億 |

📖✐ メモ ........................................................................

■ **1について**：100は"**一百**"、1000は"**一千**"のように"**一**"がつきます。111のような3桁以上の数の中の「十」にも"**一**"がつきます (声調変化は起こりません)。

■ **0について**：101や1001のように中間の位が空いているときは、「とんで」を意味する"**零**"を1つだけ入れます。

■ **2について**："**百**""**千**""**万**"などの前の2は"**二**"と"**两**"の両方の言い方ができます。

■**位の省略について**：110や1100のように、下位の数字が0の場合、最後の位を省略できます。

**②　金額の言い方**　　　　　　　　　　🔊 A30

中国の通貨は"**人民币** rénmínbì (人民元)"で、以下の3つの単位があります。

| 書きことば | 元 yuán (=10 角) | 角 jiǎo (=10 分) | 分 fēn |
|---|---|---|---|
| 話しことば | 块 kuài | 毛 máo | |

📖✐ メモ ........................................................................

話しことばでは、最後の単位はよく省略します。

　　　2.8元　　　两块八(毛) liǎng kuài bā (máo)

　　　　　　　　　　(注意："二"ではなく必ず"两"と言う)

金額のあとに"**钱**"を加えて、"**十块钱** shí kuài qián"のように言うことがあります (その場合、最後の単位は省略できません)。

日本円は"**日元** rìyuán"と言います。

　　　19800円　　　一万九千八百日元
　　　　　　　　　　yíwàn jiǔqiān bābǎi rìyuán

| 数詞 ＋ 量詞 ＋ 名詞 |
| --- |
| 一 只 猫 （1匹の猫） |
| yì zhī māo |

　"一只猫（1匹の猫）"のように、「数詞＋量詞＋名詞」という形を使って物事を数えます。

　量詞とは、日本語の「～匹」「～枚」「～本」のように物事を数える際に用いる助数詞に相当するものです。"只"は日本語の「～匹」にあたる量詞で、動物などを数えるときに使います。

◁) 一只鸟 yì zhī niǎo　　　　1羽の鳥　　　　　　　　　　　鸟：鳥

◁) 两张纸 liǎng zhāng zhǐ　　2枚の紙　　　张：紙類を数える量詞　纸：紙

◁) 三支笔 sān zhī bǐ　　　　3本のペン
　　　　　　　　　　支：スティック状の物を数える量詞（"枝"とも書く）　笔：ペン

　容器を表す名詞を借りて量詞として使う場合もあります。

◁) 一杯咖啡 yì bēi kāfēi　　　1杯のコーヒー

◁) 两瓶啤酒 liǎng píng píjiǔ　2本の（瓶）ビール

　物によっては、専用の量詞を使わなければなりませんが、最も広く使われる量詞は"个（～個）"です。

◁) 一个苹果 yí ge píngguǒ　1個のりんご　　　　　　　苹果：りんご

◁) 两个人 liǎng ge rén　2人の人

📖／メモ .............................................................

　数詞"2"は量詞の前では必ず"两 liǎng"と言わなければなりません。

48

# ✚ もうひとがんばり！

## ◆「この〜」は"这个"だけではない

　　第 3 課で習った「この〜 / その〜 / あの〜」の意味を表す"这个 / 那个"ですが、実はもともと「"这 / 那" + 量詞"个"」なのです。"个"は最もよく使われる量詞なので、"这个 / 那个"は「この / その / あの」という意味の単語となっています。

　　"这个 / 那个"はとても使い勝手がいいのですが、万能ではありません。物によっては専用の量詞を使う必要があります。"这个 / 那个"ではカバーできない場合、"个"を別の量詞にかえなければなりません。

🔊 那(一)只 鸟 nà (yì) zhī niǎo　　✕ 那(一)个鸟
あの 1 羽の鳥

🔊 这两张纸 zhè liǎng zhāng zhǐ　　✕ 这两个纸
この 2 枚の紙

　　同様に、「どの〜」は"哪个 nǎige"以外に、"哪 + (ほかの) 量詞"の形もあります。

🔊 哪(一)支笔 nǎ (yì) zhī bǐ
どのペン

　　数詞が 1 の場合は、ふつう"一"を省略して「"这 / 那" + 量詞 + 名詞」の形になります。

🔊 这支笔 zhèi zhī bǐ　　🔊 那个人 nèige rén
このペン　　　　　　　　　あの人

　　ちなみに、"这 / 那"の発音が"zhèi / nèi"になるのは、後ろに省略された"一"の発音の影響が残っているからです。

**1** 与えられた漢字の上にピンインを、
ピンインの下に漢字を書いてください。

(1)　　　　　　(2)　　　　　　(3)

多少　　　　　啤酒　　　　　日元

(4) qián　　　　(5) máfan　　　　(6) jiézhàng

**2** 日本語の意味になるよう、語句を正しい順に並べ替えてください。

(1) ウーロン茶は 2.5 元です。
　　( 五毛 / 两块 / 钱 / 乌龙茶 )。

_____

(2) サンドイッチを 2 つ買います。
　　( 买 / 我 / 三明治 / 两个 )。

_____

(3) 全部で 1010 円です。
　　( 零 / 一千 / 一十 / 日元 / 一共 )。

_____

(4) このペンは私のです。
　　( 笔 / 是 / 这 / 我 / 的 / 支 )。

_____

**3** 日本語を中国語に訳してください。

(1) すみません、お勘定をお願いします。

_____

(2) このペンはいくらですか。

_____

(3) 生ビールを 1 杯ください。("我要" を使って)

_____

(4) 全部で 1050 円です。

_____

**4** 音声を聞いて、ピンインの声調記号をつけてください。　　　🔊 A33

(1) 套餐　　　taocan

(2) 生啤酒　　shengpijiu

(3) 十块钱　　shi kuai qian

(4) 一万一千　yiwan yiqian

# 動詞 "在"、「ここ/そこ/あそこ」、"吧"(1)

# 你家在哪儿？

Nǐ jiā zài nǎr?

おうちはどこにありますか。

・・・・・・・・・・・・・・・・・・・・・・・・・・・・・・・・・・・・・・・・・・・・・・・・・・・・・・・・・・・・・・・・・・・・・・・・・・・・

## これを学ぼう！

- □ 物や人の所在を表す動詞 "在 zài" の用法
- □ 場所を表す指示代詞「ここ/そこ/あそこ」
- □ 「～してください」の語気を表す助詞 "吧 ba" の用法

## これができる！

- □ 「何々はどこそこにある/いる」の表現ができる
- □ 場所を表す指示代詞が理解できる
- □ 柔らかい語気で命令・指示することができる

中国語の勉強は順調に進んでいますか。習った内容を忘れないよう、時々復習してください。今回の学習で「お手洗いはどこですか」や「駅はあそこにあります」など、場所を尋ねたり教えたりすることができるようになりますよ。

## 📍 ロードマップ ||||||||||||||||||||||||||||||||||||||||||||||||||||||||||||||||||||||

- 動詞 "在" を使って、「何々はどこそこに存在する」を言えるようにしましょう。
  → ❶

- ①に関連して、場所を表す指示代詞を学習します。→ ❷

- 語気助詞 "吧" の用法はいくつもありますが、今回はまず「～してください」と軽い命令や指示を表す用法を学びます。→ ❸

今回のシチュエーション

# 家の場所について話す

どの料理もおいしく、家に近いこともあり、伊藤さんはすっかり常連に。きょうも「回家」
で食事をして、その後しばらく劉さんと話す。

🔊 A34

Nǐ jiā zài nǎr?
劉：你家在哪儿？

Wǒ jiā zài chēzhàn duìmiàn.
伊藤：我家在车站对面。

Shì ma?　　Nà yǐhòu cháng lái ba.
劉：是吗？　那以后常来吧。

Hǎo, yídìng cháng lái.
伊藤：好，一定常来。


劉：おうちはどこにありますか。

伊藤：私の家は駅の向かいにあります。

劉：そうですか。じゃあこれからしょっちゅう来てくださいね。

伊藤：はい、必ず来ます。


## 語注

□ 家 jiā　家　　□ 在 zài　（～が…に）ある、いる　　□哪儿 nǎr　どこ

□ 车站 chēzhàn　駅　　□ 对面 duìmiàn　向かい側

□ 是吗？Shì ma?　そうですか。　　□ 那 nà　それでは、じゃあ

□ 以后 yǐhòu　今後、これから　　□ 常 cháng　いつも、しょっちゅう

□ 来 lái　来る　　□ 吧 ba　（軽い命令の語気を表す）～してください

□ 一定 yídìng　きっと、必ず

## 1 所在を表す動詞 "在 zài"

◁)) A35

「何々 / 誰々は、どこそこにある / いる」と物や人の所在を表すには、以下の語順で言います。

### 物 / 人＋在＋場所

◁) 我家在东京。 Wǒ jiā zài Dōngjīng.
私の家は東京にあります。

◁) 啤酒在冰箱里。 Píjiǔ zài bīngxiāng li.
ビールは冷蔵庫 (の中) にあります。　　　　　冰箱：冷蔵庫　里：〜の中

疑問文は文末に "吗" をつけるだけで、語順は変わりません。否定文にするには、一般的に "在" の前に "不" をつけます。

◁) 你在公司吗？ Nǐ zài gōngsī ma?
あなたは会社にいますか。　　　　　　　　　　　　　公司：会社

── 我现在不在公司。 Wǒ xiànzài bú zài gōngsī.
私は今会社にいません。　　　　　　　　　　　現在：今

メモ

中国語では、「冷蔵庫」などの名詞はあくまでも場所ではなく物体として認知されます。このような名詞を場所として使う場合は、"冰箱里" のように、後ろに位置を表すことばをつける必要があります。

## 2 指示代詞「ここ / そこ / あそこ」 ◁)) A36

◁))

| ここ | そこ | あそこ | どこ |
|---|---|---|---|
| 这儿 zhèr | 那儿 nàr | | 哪儿 nǎr |
| 这里 zhèli | 那里 nàli | | 哪里 nǎli |

　中国語の場所を表す指示代詞は、英語の "here / there" と同じように、話し手からの遠近によって "这儿 / 这里" と "那儿 / 那里" を使い分けます。言い方はそれぞれ 2 とおりありますが、どちらを使ってもかまいません。

◁)) **你的手机在这儿。** Nǐ de shǒujī zài zhèr.
あなたの携帯電話はここにありますよ。　　　　　　　　　手机：携帯電話

◁)) **车站在那儿。** Chēzhàn zài nàr.
駅はあそこにあります。

　「どこ」という意味の疑問詞は "哪儿 / 哪里" を使います。

◁)) **洗手间在哪里？** Xǐshǒujiān zài nǎli?
お手洗いはどこですか。　　　　　　　　　　　　　　　洗手间：お手洗い

📖✏ **メモ** .........................................................................

　"哪里" の発音に注意しましょう。"里" は軽声ですが、もともとは第 3 声です。そのため、第 3 声が連続するときは変調するというルールに則って、"náli" のように発音します。

55

### 3 語気助詞 "吧 ba"(1) 「～してください」  ◁)) A37

"吧" を文末につけると、さまざまな語気を表すことができます。今回は「～してください」という軽い命令や指示を表す用法を学びましょう。

◁)) 大家吃吧。 Dàjiā chī ba.
みなさん食べてください。

◁)) 请喝咖啡吧。 Qǐng hē kāfēi ba.
どうぞコーヒーを飲んでください。

◁)) 下次来玩儿吧。 Xiàcì lái wánr ba.
今度遊びに来てください。　　　　　　　　　　下次：今度、次回　玩儿：遊ぶ

📖✎ メモ ......................................................................

「～してください」と言いたいときに必ず "吧" を使うとは限りません。動詞や動詞フレーズだけでも命令文になります。

你看！ Nǐ kàn!
見て！

请坐。 Qǐng zuò.
どうぞおかけください。　　　　　　　　　　　　　　　　　　　　坐：座る

请喝茶。 Qǐng hē chá.
お茶をどうぞ。

物や人の所在表現や "吧" の使い方はシンプルで覚えやすいですね。この調子で場所を表すことば、いろいろな「方位詞」を見ていきましょう。一気にたくさん出てきますが、少しずつ覚えましょう。

# ➕ もうひとがんばり！　　　🔊 A38

## ◆ 方向や位置を表すことば：方位詞

🔊 上边(儿)　［上］　🔊 下边(儿)　［下］
shàngbian(r)　　　　xiàbian(r)

🔊 前边(儿)　［前］　🔊 后边(儿)　［後ろ］
qiánbian(r)　　　　hòubian(r)

🔊 里边(儿)　［中］　🔊 外边(儿)　［外］
lǐbian(r)　　　　wàibian(r)

🔊 左边(儿)　［左］　🔊 右边(儿)　［右］
zuǒbian(r)　　　　yòubian(r)

🔊 东边(儿)　［東］　🔊 南边(儿)　［南］
dōngbian(r)　　　　nánbian(r)

🔊 西边(儿)　［西］　🔊 北边(儿)　［北］
xībian(r)　　　　běibian(r)

🔊 这边(儿)　［こちら］　🔊 那边(儿)　［あちら］
zhèibian(r)　　　　nèibian(r)

🔊 旁边(儿)　［そば］　🔊 对面(儿)　［向かい］
pángbiān(r)　　　　duìmiàn(r)

※ "〜边(儿)"のかわりに "〜面(儿) miàn(r)"の言い方もあります。ただし、"旁边(儿)"と"对面(儿)"は決まった表現で、ほかの言い方はできません。

「〜の中」「〜の上」と言うときには、"〜里""〜上"（ともに軽声）のような慣用的な表現が多く用いられます。

🔊 家里 jiā li　　🔊 桌子上 zhuōzi shang
家の中　　　　　机の上　　　　　桌子：机、テーブル

そのほかは、"边(儿)"もしくは"面(儿)"をつけて言うのが一般的です。

🔊 店(的)前边 diàn (de) qiánbian　　店の前
🔊 学校(的)东边 xuéxiào (de) dōngbian　学校の東側

※ 方位詞前の"的"は省略できます。

57

**1** 与えられた漢字の上にピンインを、
ピンインの下に漢字を書いてください。

(1)　　　　　　　　(2)　　　　　　　(3)

家　　　　　哪儿　　　　　一定

(4) chēzhàn　　　(5) duìmiàn　　　(6) yǐhòu

**2** 日本語の意味になるよう、語句を正しい順に並べ替えてください。

(1) すいかは冷蔵庫にあります。　　　　　　　　　（すいか：西瓜 xīgua）
　　（ 西瓜 / 冰箱 / 在 / 里 ）。

＿＿＿＿＿＿＿＿＿＿＿＿＿＿＿＿＿＿＿＿＿＿＿＿＿

(2) どうぞりんごを食べてください。
　　（ 苹果 / 吃 / 请 / 吧 ）。

＿＿＿＿＿＿＿＿＿＿＿＿＿＿＿＿＿＿＿＿＿＿＿＿＿

(3) あなたは今どこにいますか。
　　（ 你 / 在 / 现在 / 哪儿 ）?

＿＿＿＿＿＿＿＿＿＿＿＿＿＿＿＿＿＿＿＿＿＿＿＿＿

(4) 私たちの会社は駅の向かいにあります。
　　（ 车站 / 在 / 对面 / 我们 / 公司 ）。

＿＿＿＿＿＿＿＿＿＿＿＿＿＿＿＿＿＿＿＿＿＿＿＿＿

## 3 日本語を中国語に訳してください。

(1) 李先生は学校にいません。

_____

(2) お手洗いはあそこにあります。

_____

(3) ペンは机の上にあります。　　　　　　　　　　　　（ペン：笔 bǐ）

_____

(4) 今度遊びに来てください。

_____


## 4 音声を聞いて、ピンインの声調記号をつけてください。　　　◁)) A39

(1) 手机　　　　shouji

(2) 旁边　　　　pangbian

(3) 公司　　　　gongsi

(4) 请喝茶　　　qing he cha

# 動詞"有"、助動詞"得"、変化を表す"了"

# 我家有一只猫。

Wǒ jiā yǒu yì zhī māo.

家に猫が1匹います。

........................................................

**これを学ぼう!**

☐ 物や人の存在を表す動詞"有 yǒu"の用法

☐ 助動詞"得 děi"の用法

☐ 状況の変化を表す助詞"了 le"の用法

**これができる!**

☐ 「どこそこに何々がある/いる」の表現ができる

☐ 「〜しなければならない」の表現ができる

☐ 「おなかがすいた」「春になった」など、状況の変化について言える

第5課では「何々はどこそこにある/いる」の言い方を学習しましたね。今回はそれに似ている「どこそこに何々がある/いる」の言い方を学習します。紛らわしいなと思うかもしれませんが、大丈夫です。覚えやすい方法もお教えしますのでご安心ください。

**ロードマップ** ‖‖‖‖‖‖‖‖‖‖‖‖‖‖‖‖‖‖‖‖‖‖‖‖‖‖‖‖‖‖‖‖‖‖‖‖‖‖‖‖‖‖‖‖‖‖‖‖‖‖‖‖‖

- 第5課で習得した「物/人+"在"+場所」の構文と比較しながら、「<u>場所 +"有"+物/人</u>」の構文を学習します。→ **1**

- 義務や必要性を表す助動詞"得"の用法を学んで、「<u>〜しなければならない</u>」の表現ができるようにしましょう。→ **2**

- 文末に"了"をつけて、「<u>〜になった、〜した</u>」と状況の変化を表現できるようになりましょう。→ **3**

今回のシチュエーション

## ペットの話をする

食事は済んだが、伊藤さんはまだお店で劉さんと話を続けている。

🔊 A40

Nǐ yí ge rén zhù ma?
劉：你一个人住吗？

Duì.　　Búguò, wǒ jiā yǒu yì zhī māo.
伊藤：对。 不过，我家有一只猫。

Shì ma?　　Wǒ yě hěn xǐhuan māo.
劉：是吗？ 我也很喜欢猫。

Ā, māo yídìng è le,
伊藤：啊，猫一定饿了，

wǒ děi zǒu le.
我得走了。

劉：伊藤さんは一人暮らしですか。

伊藤：はい。でも、家に猫が1匹います。

劉：そうですか。私も猫が大好きなのよ。

伊藤：あ、猫がきっとおなかをすかせているだろうから、

　　　もう帰らなければ。

## 語注

☐ 住 zhù　住む　　☐ 对 duì　正しい、そうだ　　☐ 不过 búguò　でも

☐ 有 yǒu　（～に…が）ある、いる　　☐ 也 yě　～も

☐ 喜欢 xǐhuan　～が好きだ　　☐ 啊 ā　（驚きを表す）あっ

☐ 饿 è　おなかがすいている　　☐ 了 le　～になった、～した

☐ 得 děi　～しなければならない　　☐ 走 zǒu　行く、発つ

## ① 存在を表す動詞 "有 yǒu"

◁» A41

「どこそこに、何々 / 誰々がある / いる」と、ある場所に物や人が存在することを表すには、以下のように言います。

> 場所＋有＋物 / 人

◁» 桌子上有一个苹果。
Zhuōzi shang yǒu yí ge píngguǒ.
テーブルの上にりんごが 1 つあります。

◁» 店里有很多人。 Diàn li yǒu hěn duō rén.
店の中にたくさんの人がいます。
多：多い

これは第5課で習った「物 / 人＋"在"＋場所」の文型と語順が逆になっていますね。また、それぞれの動詞が違うので、間違えないように注意しましょう。

"有" の否定は "不" を使わず、"没有 méiyou" になります。

◁» 公司里没有人。 Gōngsī li méiyou rén.
会社には人がいません。

✎ メモ ‥‥‥‥‥‥‥‥‥‥‥‥‥‥‥‥‥‥‥‥‥‥‥‥‥‥‥‥‥‥

「場所＋"有"＋物 / 人」と「物 / 人＋"在"＋場所」の構文はちょっと紛らわしいですが、日本語の「有〜」や「在〜」の熟語を考えてみると簡単に覚えられます。

「有料」「有人宇宙船」‥‥‥‥‥「有」のあとは物や人
「在宅」「在庫」「在学」‥‥‥‥‥「在」のあとは場所

"有" は所有を表すこともできます。その場合、文の主語は人になります。

🔊 **她有很多衣服。** Tā yǒu hěn duō yīfu.
彼女はたくさんの服を持っています。　　　　　　　　　　　　衣服：服

🔊 **你有笔吗？** Nǐ yǒu bǐ ma?
ペンを持っていますか。

また、物だけでなく、「子供」「兄弟」「友達」など、人についても "有" を用いて言うことができます。

🔊 **我有一个姐姐。** Wǒ yǒu yí ge jiějie.
私には姉が 1 人います。　　　　　　　　　　　　　　　　　姐姐：姉

## 2　助動詞 "得 děi" の用法　　🔊 A42

助動詞 "得 děi" は「～しなければならない」と義務・必要性を表します。助動詞は動詞や動詞フレーズの前に置きます。

🔊 **今天我得加班。** Jīntiān wǒ děi jiābān.　　加班：残業する
きょう私は残業をしなければなりません。

🔊 **你得多运动。** Nǐ děi duō yùndòng.　　运动：運動する
あなたはもっと運動をしなければなりません。

「～しなくてもいい」と否定するには "不得" ではなく、"不用 búyòng" になります。

🔊 **明天不用早起。** Míngtiān búyòng zǎoqǐ.
あしたは早起きしなくてもいいです。　　明天：あした　早起：早起きする

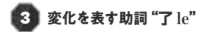

## ❸ 変化を表す助詞 "了 le"

◁) A43

"了" は文末につけて、「〜になった」「〜した」と新しい状況が発生したこと、事態が変化したことを表します。

◁) 我困了。 Wǒ kùn le.
眠くなりました。 困：眠い

◁) 雨停了，天也晴了。 Yǔ tíng le, tiān yě qíng le.
雨が止んで、空も晴れました。 停：止む、止まる 天：空

◁) 你明白了吗？ Nǐ míngbai le ma?
分かりましたか。 明白：分かる

◁) 我喜欢吃辣的了。 Wǒ xǐhuan chī là de le.
私は辛い物を食べるのが好きになりました。

「"不" +動詞（フレーズ）+ "了"」の形の文の意味に注意しましょう。

◁) 我不买了。 Wǒ bù mǎi le.
私は買わないことにしました。

◁) 爸爸不抽烟了。 Bàba bù chōuyān le.
父はたばこを吸わなくなりました。 抽烟：たばこを吸う

"了" の使用頻度は高く、これからたくさん出てきますよ。「〜になった」「〜した」の意味を表す "了" ですが、そのまま日本語に訳出しにくいこともあります。例えば、スキットに出てきた "我得走了。(もう帰らなければ)" がそうです。これについてはもうひとがんばりしましょう！

# ✚ もうひとがんばり！

◁)) A44

## ◆ "了"はこれから起きることにも使える

　「～になった」「～した」と聞くと、すでに起きたことについて使うものだと思いますよね。でも実は、"了"はこれから発生することについて言うこともできるのです。

　"我得走了。"は直訳すると、「私は行かなければならなくなった」のようになります。「まだ行かなくても大丈夫」→「もう行かなければならない」という状況の変化です。その変化を表すために、文末に"了"が用いられているのです。

　同じ用法の例文をもう少しご紹介しましょう。

◁) 吃饭了。 Chī fàn le.
ごはんだよ。　　　　　　　　　　　　　　吃饭：ごはんを食べる、食事する

　※"吃饭了。"は「ごはんを食べた」と訳すこともできます。どちらの意味になるかは、場面や文脈で判断します。

◁) 我先睡了。 Wǒ xiān shuì le.
先に寝るね。　　　　　　　　　　　　　先：先に　睡：寝る

◁) 我得减肥了。 Wǒ děi jiǎnféi le.
ダイエットをしなくっちゃ。　　　　　　　减肥：ダイエットをする

◁) 那我走了，再见。 Nà wǒ zǒu le, zàijiàn.
じゃあ、行きますね。さようなら。　　　　　　　再见：さようなら

**1** 与えられた漢字の上にピンインを、
ピンインの下に漢字を書いてください。

(1)
住

(2)
也

(3)
走

(4) duì

(5) búguò

(6) xǐhuan

**2** 日本語の意味になるよう、語句を正しい順に並べ替えてください。

(1) 桜は咲きましたか。 （咲く：开 kāi）

（ 开 / 樱花 / 吗 / 了 ）?

_____

(2) あした私は早起きしなければなりません。

（ 早起 / 得 / 明天 / 我 ）。

_____

(3) 彼にはたくさんの友達がいます。

（ 他 / 朋友 / 很多 / 有 ）。

_____

(4) 冷蔵庫にすいかが1つあります。

（ 一个 / 西瓜 / 有 / 里 / 冰箱 ）。

_____

**3** 日本語を中国語に訳してください。

(1)（私は）分かりました。

_____

(2) 彼は来ないことになりました。

_____

(3) きょうは会社に行かなくてもいいです。　（会社に行く：去公司 qù gōngsī）

_____

(4) テーブル（の上）にコーヒーが1杯あります。

_____

**4** 音声を聞いて、ピンインを書き取ってください。　🔊 A45

(1) 多　_____

(2) 困　_____

(3) 明白　_____

(4) 再见　_____

# 日付・曜日、語気助詞 "啊" "嘛"、完了を表す "了"

# 我买了一个便当。

Wǒ mǎile yí ge biàndāng.

弁当を 1 つ買いました。

. . . . . . . . . . . . . . . . . . . . . . . . . . . . . . . . . . . . . . . . . . . . . . . . . . . .

### これを学ぼう！

☐ 日付・曜日の言い方

☐ 語気助詞 "啊 a" "嘛 ma" の用法

☐ 完了を表す "了"

### これができる！

☐ 日付・曜日が言える

☐ 「〜ね」「〜よ」「（だって）〜だもの」などの語気を表現できる

☐ 「〜をした」と動作の完了を表すことができる

英語を習ったとき、1 月〜 12 月、曜日の言い方を覚えるのに苦労しませんでしたか。「Wednesday 1 つ目の d はなに？」と文句を言いながら何度も書く練習をしたのを覚えています。英語に比べると、中国語の日付や曜日の言い方は拍子抜けするくらい簡単ですよ。

### 🔍 ロードマップ ∥∥∥∥∥∥∥∥∥∥∥∥∥∥∥∥∥∥∥∥∥∥∥∥∥∥∥∥∥∥∥∥∥∥∥∥∥∥∥∥∥∥∥∥∥∥∥∥∥∥

- 日付・曜日の言い方を学びます。→ **1**

- 語気助詞 "啊" "嘛" の用法をマスターして、**いきいきした会話**ができるようになりましょう。→ **2**

- 第 6 課で学習した、文末につけて「状況の変化」を表す "了" に続き、今回は文中の**動詞の直後**につけて、「〜した」と**動作の完了を表す "了"** の用法もマスターしましょう。→ **3**

今回のシチュエーション

# スーパーで偶然に

毎週月曜日は「回家」の定休日。伊藤さんがきょうの晩ごはんは弁当で済ませようと思ってスーパーに行くと、いつもの声が聞こえてきた。

🔊 A46

> Dàhuī, jīntiān zìjǐ zuòfàn ma?
>
> 劉：大辉，今天自己做饭吗？
>
> Jīntiān xīngqīyī, nín de diàn xiūxi ma.
>
> 伊藤：今天星期一，您的店休息嘛。
>
> Bù hǎoyìsi a.
>
> 劉：不好意思啊。

> Nǐ mǎi shénme le?
>
> 你买什么了？
>
> Wǒ mǎile yí ge biàndāng.
>
> 伊藤：我买了一个便当。

劉：大輝くん、きょうは自分でごはんを作るの？

伊藤：きょうは月曜日で、お店はお休みですもんね。

劉：ごめんなさいね。

何を買ったの？

伊藤：弁当を１つ買いました。

## 語注

□ 自己 zìjǐ　自分　　□ 做饭 zuòfàn　ごはんを作る

□ 星期一 xīngqīyī　月曜日　　□ 休息 xiūxi　休む、休憩する

□ 嘛 ma　（だって）～だもの　　□ 不好意思 bù hǎoyìsi　申し訳ない

□ 啊 a（文末につけて語気を強調する）～ね、～よ　　□ 便当 biàndāng　弁当

## 1 日付・曜日の言い方

◁» A47

「～年」は「数字の粒読み＋"年 nián"」のように言います。

◁» 一九八六年　　◁» 二〇二一年
　　yī jiǔ bā liù nián　　èr líng èr yī nián

※「何年」は "哪年 nǎ nián" と言います。

「～月…日」は "～月 yuè…号 hào" と言います。

◁» 一月　　二月　　三月　……　十二月
　　yīyuè　　èryuè　　sānyuè　　　shí'èryuè

◁» 一号　　二号　　三号　……　三十一号
　　yī hào　　èr hào　　sān hào　　　sānshiyī hào

※ "号" は話しことばで、書きことばでは "日" と書くのが一般的です。

「～曜日」は "星期 xīngqī ＋数字"（日曜日だけ "星期天" または "星期日" になります）と言います。

◁» 星期一 ／二 ／三 ／四 ／五 ／六 ／{天 ／日}
　　xīngqīyī　　èr　　sān　　sì　　wǔ　　liù　　{tiān/rì}
　　月曜日　　火曜日　水曜日　木曜日　金曜日　土曜日　　日曜日

📖✏ メモ............................................................

"星期" のかわりに、"礼拜 lǐbài ～""周 zhōu ～" の言い方もあります。

礼拜一 lǐbàiyī　月曜日　　周六 zhōuliù 土曜日

日付や曜日を聞くときは、「いくつ」という意味の疑問詞 "几 jǐ" を使います。

◁) 你的生日 (是) 几月几号？
Nǐ de shēngrì (shì) jǐ yuè jǐ hào?
お誕生日は何月何日ですか。　　　　　　　　生日：誕生日
※ "是" は省略できます。

◁) 你星期几休息？ Nǐ xīngqī jǐ xiūxi?
あなたは何曜日がお休みですか。

**2　語気助詞 "啊 a""嘛 ma"**　　　◁) A48

文末につける語気助詞 "啊" は、感嘆や催促などの語気を表すことができ、使用頻度が非常に高いです。「〜ね」「〜よ」「〜なあ」など、いろいろな訳し方があります。

◁) 今天真热啊! Jīntiān zhēn rè a!
きょうは本当に暑いなあ！　　　　　　　　真：本当に

◁) 你快来啊! Nǐ kuài lái a!
早くおいでよ！　　　　　　　　　　　快：早い、早く

"嘛" は「(だって) 〜だもの」という語気を表し、理由や事実などを強調します。

◁) 孩子嘛, 都爱玩儿。 Háizi ma, dōu ài wánr.
子供だもの、みんな遊ぶのが好きなのさ。　孩子：子供　爱：好む、好きだ

◁) 这个菜真好吃啊! Zhèige cài zhēn hǎochī a!
この料理は本当においしいですね！

　── 这是我们店的招牌菜嘛!
　　Zhè shì wǒmen diàn de zhāopáicài ma!
　　うちの看板料理ですもの！

# ❸ 完了を表す助詞 "了"

◁)) A49

文中の動詞の直後に "了" をつけて、その動作の完了・実現を表します。

> **動詞＋了＋目的語**（など）

◁)) 我喝了一杯咖啡。 Wǒ hēle yì bēi kāfēi.
私はコーヒーを1杯飲みました。

◁)) 妈妈做了很多菜。 Māma zuòle hěn duō cài.
母はたくさんの料理を作りました。　　　　　　　　　　　做：作る、する

　一般的に、目的語には数量表現などの修飾語を伴います。もし修飾語なしで目的語を単独で用いると、完結していない文になってしまいます。
　例えば、"我喝了咖啡" だけだと、「コーヒーを飲んで、…」のように聞こえます。そこで、"一杯" という数量表現を入れると安定した文になります。この "一杯" は数量の情報というより、文を成立させるために用いるのだと考えましょう。

　修飾語を使わないで文を成立させるもう1つの方法があります。それは、"了" を文末に移動させることです。

◁)) 我喝咖啡了。 Wǒ hē kāfēi le.
私はコーヒーを飲みました。

◁)) 妈妈做饺子了。 Māma zuò jiǎozi le.
母はギョーザを作りました。　　　　　　　　　　　　　饺子：ギョーザ

「〜しなかった」や「（まだ）〜していない」と否定文にするには、動詞の前に "没 (有)" をつけて、"了" を取ります。なお、否定文の場合は、目的語の前に修飾語がなくても文は成立します。

◁) 我没(有)喝咖啡。　Wǒ méi(you) hē kāfēi.
私はコーヒーを飲みませんでした。

"没 (有)" はもともとは「存在しない」という意味です。動詞に使うと、「その動作・行為が存在しない」、つまり「〜しなかった、〜していない」ということになります。

## ✚ もうひとがんばり！　◁) A50

### ◆ "了" は仮定の完了を表すこともできる

"了" は動作が実際に完了することを表すだけでなく、「〜したら」と仮定の完了を表すこともできます。

◁) 我吃了饭就走。　Wǒ chīle fàn jiù zǒu.
ごはんを食べたらすぐ行きます。　　　　　　　　　就：すぐ

◁) 到了车站我去接你。　Dàole chēzhàn wǒ qù jiē nǐ.
駅に着いたら迎えに行きます。　　　　到：到着する、着く　接：迎える

以上の "吃了" "到了" は、それぞれ「食べたら」「着いたら」と仮定の完了を表しています。このように、"了" は過ぎたことだけに使うというわけではないので、注意が必要です。

### 📖 メモ

"走" "去" はどちらも「行く」という意味ですが、"走" は「その場を離れる、発つ」というニュアンスで、後ろに目的語がとれません。「どこどこへ行く」「何々をしに行く」と言いたいときは、"去" を使わなければなりません。

**1** 与えられた漢字の上にピンインを、
ピンインの下に漢字を書いてください。

(1)　　　　　　　 (2)　　　　　　　 (3)

自己　　　　 星期一　　　　 不好意思

(4) zuòfàn　　　 (5) xiūxi　　　 (6) biàndāng

**2** 日本語の意味になるよう、語句を正しい順に並べ替えてください。

(1) あなたは何を食べましたか。
　　( 你 / 什么 / 吃 / 了 )?

_____

(2) 彼女は服をたくさん買いました。
　　( 她 / 衣服 / 很多 / 买 / 了 )。

_____

(3) 私は料理を2つ注文しました。
　　( 我 / 两个 / 菜 / 要 / 了 )。

_____

(4) きょうは8月3日火曜日です。
　　( 星期二 / 八月 / 今天 / 三号 )。

_____

**3** 日本語を中国語に訳してください。

(1) きょうは何曜日ですか。

_____

(2) この料理は本当に辛いですね！　　　　　　　　　　　　(辛い：辣 là)

_____

(3) 彼はビールを3杯飲みました。　　　　　　　　　(ビール：啤酒 píjiǔ)

_____

(4) 私はサンドイッチを2つ食べました。　(サンドイッチ：三明治 sānmíngzhì)

_____

**4** 音声を聞いて、ピンインを書き取ってください。　　　　　◁)) A51

(1) 做　　　　_____

(2) 饺子　　　_____

(3) 星期三　　_____

(4) 几月几号　_____

# 二重目的語文、"要"の用法、禁止表現

# 给你一个苹果。

Gěi nǐ yí ge píngguǒ.

(あなたに)りんごを1つあげる。

## これを学ぼう!

- □ 二重目的語文
- □ 助動詞"要 yào"の用法
- □ 禁止表現

## これができる!

- □ 人と物の2つの目的語をとる文を言える
- □ 助動詞"要"を用いて「〜しなければならない」と言える
- □ 「〜しないでほしい、やめてほしい」という意思を伝えることができる

「〜しなければならない」の意味を表す助動詞"得 děi"はすでに習いましたね。今回は同じ意味を表す助動詞"要"を習います。"要"は、「〜をください」と注文するときの動詞として以前出てきました。混乱しないように、前に習った内容を復習してください。

## 🔵 ロードマップ ||||||||||||||||||||||||||||||||||||||||||||||

- 「誰々に何々を〜する」と、人と物の2つの目的語をとる文が言えるようにしましょう。→ **1**

- すでに習った"得"のほかにも、「〜しなければならない」と義務・必要性を表す助動詞はいくつもあります。今回は"要"を習います。→ **2**

- 「〜しないで」「〜するな」と禁止や制止の表現ができるようになりましょう。→ **3**

今回のシチュエーション

## スーパーで

伊藤さんが弁当を買って家に帰ろうとしたとき、劉さんがりんごを1つくれた。

🔊 A52

Gěi nǐ yí ge píngguǒ.
劉：给你一个苹果。

Éi?　　　Zhēn bù hǎoyìsi.
伊藤：欸？　真不好意思。

Bié kèqi.　　　Yào zhùyì shēntǐ a.
劉：别客气。要注意身体啊。

Ňg, xièxie nín!
伊藤：嗯，谢谢您！

劉：りんごを1つあげる。

伊藤：えっ？　すみませんね。

劉：遠慮しないで。体に気をつけてね。

伊藤：はい、ありがとうございます！

## 語注

□ 给 gěi　与える、あげる　　□ 欸 éi　（いぶかる気持ちを表す）えっ、おや

□ 别 bié　〜しないで、〜するな　　□ 客气 kèqi　遠慮する、気を使う

□ 要 yào　〜しなければならない　　□ 注意 zhùyì　気をつける、注意する

□ 身体 shēntǐ　体　　□ 嗯 ňg　うん、はい

# ［ この課のポイント ］

## **1** 二重目的語文

◁» A53

"给你一个苹果。"のように、1つの動詞（"给"）に人（"你"）と物（"一个苹果"）の2つの目的語を同時にとる文を二重目的語文と言います。

> **動詞＋人**（目的語1）**＋物**（目的語2）
> 　　　誰々に　　　　　何々を〜

◁» 请给我一杯水。 Qǐng gěi wǒ yì bēi shuǐ.
　水を1杯ください。

◁» 我送了他一支笔。 Wǒ sòngle tā yì zhī bǐ.
　私は彼にペンを1本プレゼントしました。　　　　　　　　　　　送：プレゼントする

◁» 你教我中文，好吗？ Nǐ jiāo wǒ Zhōngwén, hǎo ma?
　私に中国語を教えてくれますか。　　　　　　　　　　　　　　　　　教：教える

◁» 我告诉你一个秘密。 Wǒ gàosu nǐ yí ge mìmì.
　私はあなたに1つの秘密を教えてあげますよ。　　　　　　告诉：教える、伝える

### メモ

"教"と"告诉"はどちらも「教える」という意味ですが、**"教"**は知識などを教える（英語の teach）、**"告诉"**は情報などを教える（英語の tell）、というふうに使い分けます。

## 2 助動詞 "要 yào" 「～しなければならない」 　◁》A54

　第6課で習った "得 děi" と同じように、助動詞 "要 yào" も「～しなければならない」と義務・必要性を表すことができます。

◁》你要多吃蔬菜。 Nǐ yào duō chī shūcài.
　もっと野菜を食べなければいけませんよ。
蔬菜：野菜

◁》下周我要去中国出差。
　Xiàzhōu wǒ yào qù Zhōngguó chūchāi.
　来週中国へ出張に行かなければなりません。　　　下周：来週　出差：出張する

　"得" と同じで、「～しなくてもいい」と否定にするには "不要" ではなく、"不用" を使います。

◁》明天不用上班。 Míngtiān búyòng shàngbān.
　あしたは出勤しなくてもいいです。
上班：出勤する

◁》谢谢你！Xièxie nǐ!
　ありがとうございます！

　　　── 不用谢。 Búyòng xiè.
　　　　感謝する必要はありませんよ（→どういたしまして）。

　"不要" の言い方もありますが、「～しないでください」と禁止の意味になります。次のページでご確認ください。

📖✎ メモ ..........................................................................

　"要" は「～しようと思う」「～する予定だ」「～したい」などと訳したほうが自然な場合もあります。

　明年我要去中国旅游。 Míngnián wǒ yào qù Zhōngguó lǚyóu.
　来年、中国へ旅行に行きたいです。　　　　　明年：来年　旅游：旅行する

### ③ 禁止表現 「〜しないで」 　　　　　　　　　　A55

　「〜しないで」「〜するのをやめて」と禁止・制止を表すには、**"别〜"** または **"不要〜"** を使います。

◁) **别紧张。** Bié jǐnzhāng.
　緊張しないでください。　　　　　　　　　　　　　　紧张：緊張する

◁) **不要勉强。** Búyào miǎnqiǎng.
　無理をしないでください。　　　　　　　　　　　　　勉强：無理をする

　より丁寧に禁止・制止を表したい場合は、前に **"请"** をつけるといい でしょう。

◁) **请不要生气。** Qǐng búyào shēngqì. 　　　　　生气：怒る
　どうか怒らないでください。

　文末に **"了"** をつけると「もう〜しないでください」というニュアンス になります。

◁) **我知道了，你别说了。** Wǒ zhīdao le, nǐ bié shuō le.
　分かったから、もう言わないで。　　　知道：知る、分かる　说：言う、話す

習得したものが蓄積すると、表現の引き出しも増えていきます。似たアイ テムが増えると、こういうときはどれを使えばいいのかなと悩むようになり ます。これはぜいたくな悩みで自分の表現力が豊かになっている証です。 そんなぜいたくな悩みをどんどん増やしましょう！

## ✚ もうひとがんばり！ 　　　　　　　　　　🔊A56

### ◆ もう1つの「〜しなければならない」"应该yīnggāi"

　"应该 yīnggāi"もよく使われる助動詞で、「〜しなければならない」という義務・必要性の意味を表します。"得"や"要"に比べて、"应该"は「(道理から言って)当然〜すべきだ」というニュアンスが強いです。

🔊 我们都应该遵守规则。
Wǒmen dōu yīnggāi zūnshǒu guīzé.
私たちはみんなルールを守らなければなりません。

遵守：守る　規則：規則、ルール

🔊 不用谢，这是我应该做的。
Búyòng xiè, zhè shì wǒ yīnggāi zuò de.
礼には及びません。これは私が当然するべきことです。

　「〜するべきではない」「〜してはいけない」と否定を表す場合は、"不应该"となります。

🔊 你不应该生气。　Nǐ bù yīnggāi shēngqì.
あなたは怒るべきではありません。

🔊 不应该添麻烦。　Bù yīnggāi tiān máfan.
迷惑をかけてはいけません。　　　　添麻烦：迷惑をかける

### • 助動詞 "得""要""应该" の比較

|  | 特徴 | 否定形 |
|---|---|---|
| 得 | 「義務」のニュアンスが強い | 不用 |
| 要 | 「〜したい」と意志を表すことも | 不用 ("不要"だと禁止表現に) |
| 应该 | 「道理から言って〜すべきだ」のニュアンス | 不应该 |

与えられた漢字の上にピンインを、
ピンインの下に漢字を書いてください。

(1)
要

(2)
注意

(3)
身体

(4) gěi

(5) bié

(6) kèqi

2 日本語の意味になるよう、語句を正しい順に並べ替えてください。

(1) 紙を1枚ください。
（ 给 / 请 / 我 / 一张纸 ）。

_____

(2) 彼に電話番号を教えないでください。
（ 告诉 / 别 / 他 / 电话号码 ）。

_____

(3) 私に中国語を教えてください。
（ 我 / 你 / 教 / 吧 / 中文 ）。

_____

(4) 寝る前にコーヒーを飲むべきではありません。
（ 应该 / 喝咖啡 / 不 / 睡前 ）。

_____

## 3 日本語を中国語に訳してください。

(1) あなたは彼に感謝するべきです。　　　　　　　　（感謝する：感谢 gǎnxiè）

_____

(2) 水を1杯ください。

_____

(3) きょうはごはんを作らなくてもいいです。　　　　（ごはんを作る：做饭 zuòfàn）

_____

(4) あなたはもうたばこを吸わないでください。　　　（たばこを吸う：抽烟 chōuyān）

_____

## 4 音声を聞いて、ピンインを書き取ってください。　　　　◁))A57

(1) 教　　　_____

(2) 告诉　　_____

(3) 不用谢　_____

(4) 添麻烦　_____

# "吧"(2)、"的"(2)、様態補語

# 我最近吃得太多了。

Wǒ zuìjìn chīde tài duō le.

最近食べすぎなんです。

・・・・・・・・・・・・・・・・・・・・・・・・・・・・・・・・・・・・・・・・・・・・・・・・・・・・・・・・・・・・・

## これを学ぼう！

☐ 推量・確認の語気を表す助詞 "吧 ba" の用法

☐ 形容詞で名詞を修飾するときの "的 de" の用法

☐ 様態補語

## これができる！

☐ 「〜でしょう？」「〜ですよね？」の表現ができる

☐ 形容詞で名詞を修飾することができる

☐ 動作の様子や状態を説明・描写できる

「彼は走ります」「彼女は歌います」のような言い方は、シンプルですが、意外と使う場面が少ないですよね。それよりも「彼は走るのが速いです」「彼女は歌うのが上手です」のような文なら日常的に使えそうです。「様態補語」の使い方をマスターすれば、動作の様子や状態を具体的に説明できるようになります。

## 📍 ロードマップ ⅢⅢⅢⅢⅢⅢⅢⅢⅢⅢⅢⅢⅢⅢⅢⅢⅢⅢⅢⅢⅢⅢⅢⅢⅢⅢⅢⅢⅢⅢⅢⅢ

- "吧" については、「〜してください」と軽い命令を表す用法を習いました（第5課）。今回習うのは「〜でしょう？　〜ですよね？」と推量・確認の語気を表す用法です。➡ ❶

- 名詞で名詞を修飾する際に使われる "的" の用法（第2課）に続いて、今回は**形容詞で名詞を修飾する方法**を学びます。➡ ❷

- 様態補語の使い方をマスターして、**動作の様子や状態を説明・描写できる**ようにしましょう。➡ ❸

## 同僚と話をする

「回家」に通うようになって、おいしいごはんを食べられるのはいいのだが、体重が……。
会社の先輩の王欣怡(ワン・シンイ)さんがそれに気がついた。

🔊 A58

Dàhuī, nǐ zuìjìn pàng le ba?
王：大辉，你最近胖了吧？

Shì a.
伊藤：是啊。

Wǒ zuìjìn chīde tài duō le.
我最近吃得太多了。

Nǐ chī shénme le?
王：你吃什么了？

Wǒ chīle hěn duō hǎochī de zhōngguócài.
伊藤：我吃了很多好吃的中国菜。

王：大辉くん、最近太ったでしょう？

伊藤：そうなんですよ。

　　　最近食べすぎなんです。

王：何を食べたの？

伊藤：おいしい中国料理をいっぱい食べました。

---

### 語注

□ 最近 zuìjìn　最近　　□ 胖 pàng　太っている

□ 吧 ba　(推量・確認の語気を表す)〜でしょう？ 〜ですよね？

□ 得 de　様態補語を導く助詞　　□ 太〜了 tài〜le　すごく〜、あまりに〜すぎる

# ［ この課のポイント ］

## ① 語気助詞 "吧 ba"（2） 「～でしょう？」「～ですよね？」

◁)) A59

語気助詞 "吧" は「～でしょう？」「～ですよね？」と推量・確認の語気を表すことができます。「たぶんそうだろうけど、確かめてみよう」というときに、文末に "吧" をつけて聞きます。

◁)) 没问题吧？ Méi wèntí ba?
大丈夫ですよね？

没问题：問題ない、大丈夫だ

◁)) 您是王先生吧？ Nín shì Wáng xiānsheng ba?
あなたは王さんですよね？

先生：（男性の）～さん

◁)) 她有男朋友吧？ Tā yǒu nánpéngyou ba?
彼女には恋人がいるんでしょう？

男朋友：ボーイフレンド、恋人

◁)) 北京的冬天很冷吧？ Běijīng de dōngtiān hěn lěng ba?
北京の冬はとても寒いでしょう？

冬天：冬 冷：寒い

### メモ

"吧" が命令と推量のどちらの語気を表すかは、大体文脈で判断できます。また、推量の語気を表す場合はほとんど疑問文の形ですので、最後に「？」がついていれば、たいてい「～でしょう？」「～ですよね？」の語気を表すものになります。

# 2 "的 de" の用法 (2)

◁)) A60

　第 2 課で学習した "的" の用法に続いて、今回は形容詞で名詞を修飾する際の "的" の有無について説明します。例外もありますが、形容詞で名詞を修飾する際、大きく以下の 2 種類に分けることができます。

### ・1 文字の形容詞＋名詞

　結び付きが強く熟語化していて、"的" が必要ない場合が多いです。

◁) 好书 hǎo shū
いい本

◁) 新车 xīn chē
新車

车：車

◁) 大公司 dà gōngsī
大企業

◁) 热咖啡 rè kāfēi
ホットコーヒー

　ただし、形容詞の前に副詞が使われる場合は、"的" が必要です。

◁) 很大的西瓜 hěn dà de xīgua　とても大きなすいか

◁) 非常好的朋友 fēicháng hǎo de péngyou　非常に仲がいい友達

### ・2 文字の形容詞＋名詞

　一般的に、"的" が必要です。

◁) 好吃的菜 hǎochī de cài　おいしい料理

◁) 可爱的孩子 kě'ài de háizi　かわいい子供

可爱：かわいい

◁) 漂亮的樱花 piàoliang de yīnghuā　きれいな桜

漂亮：美しい、きれいだ

📖✎ メモ ..........................................

　"多""少" は特殊な形容詞で、単独で名詞を修飾することができず、しばしば「"很"＋"多／少"＋名詞」や「"不少"＋名詞」の形で用いられます。"的" はよく省略します。

很多人 hěn duō rén
多くの人

不少问题 bù shǎo wèntí
たくさんの問題

# ③ 様態補語

　様態補語とは、動詞や形容詞が表す動作や状態について説明・描写するものです。様態補語は助詞 "得 de" によって導かれ、動詞や形容詞の後ろに置かれます。

```
動詞／形容詞＋得＋様態補語
                    ↓
              動作や状態を
              説明・描写
```

　間の "得" に具体的な意味はありません。動詞／形容詞と様態補語を結び付けるための接着剤のようなものだと思ってください（第6課で習った助動詞 "得 děi" と同じ文字ですが、発音が違うので注意しましょう）。

◁》她唱得<u>很好</u>。 Tā chàngde hěn hǎo.
　彼女は歌うのがとても上手です。　　　　　　　　　　　　　唱：歌う

◁》时间过得<u>真快</u>啊。 Shíjiān guòde zhēn kuài a.
　時間が経つのが本当に早いですね。　　　时间：時間　过：過ごす、経つ

◁》今天忙得<u>没吃午饭</u>。 Jīntiān mángde méi chī wǔfàn.
　きょうは忙しくて昼ごはんを食べませんでした。　　忙：忙しい　午饭：昼ごはん

✎ メモ・・・・・・・・・・・・・・・・・・・・・・・・・・・・・・・・・・・・・・・・・・・・・・・・・・・・・・・・・・・・・・・・
　形容詞が様態補語になる場合、形容詞述語文（第3課）と同じように、前に "很" などの程度副詞をつけるのが一般的です。

# ➕ もうひとがんばり！　🔊A62

## ◆ 様態補語を使いこなしてパワーアップ！

　　ここまで見てきた様態補語の例文は、動詞に目的語がないシンプルなものでした。動詞に目的語を伴う場合はもう少し複雑です。ここでもうひとがんばりして、様態補語を使いこなしましょう。

　　動詞に目的語を伴う場合、語順は以下のようになります。

---

[主語　＋　(動詞)　＋　目的語]　＋　[動詞　＋　得　＋　様態補語]

你　　(说)　　中文　　　说　　得　　真好。

**あなたは中国語を話すのが本当に上手ですね。**

---

　　上の例文は、動詞"说"に目的語"中文"を伴っています。その場合、「あなたは中国語を話す」＋「話すのが本当に上手です」の2つのパートに分けて言います。動詞は2回繰り返すことになりますが、前の動詞を省略してもかまいません。

🔊 你(喝)咖啡喝得<u>太多了</u>。
Nǐ (hē) kāfēi hēde tài duō le.
あなたはコーヒーを飲みすぎです。

🔊 她(弹)钢琴弹得<u>非常好</u>。
Tā (tán) gāngqín tánde fēicháng hǎo.
彼女はピアノを弾くのが非常に上手です。　　　弹：弾く　钢琴：ピアノ

**1** 与えられた漢字の上にピンインを、
ピンインの下に漢字を書いてください。

(1) 唱    (2) 忙    (3) 最近

(4) pàng    (5) shíjiān    (6) kě'ài

**2** 日本語の意味になるよう、語句を正しい順に並べ替えてください。

(1) この料理は辛く作りすぎました。
（ 做 / 这个菜 / 得 / 太辣了 ）。

_____

(2) あなたはお酒を飲んでいないですよね？
（ 你 / 喝酒 / 没 / 吧 ）？

_____

(3) これはあなたの新しい携帯電話ですか。
这是（ 的 / 你 / 新 / 手机 / 吗 ）？

_____

(4) 彼女は中国語の歌を歌うのが非常に上手です。   (歌：歌 gē)
她（ 中文歌 / 非常 / 唱 / 好 / 得 ）。

_____

**3** 日本語を中国語に訳してください。

(1) あなたは中国の方ですよね？

_____

(2) あなたは食べすぎです。

_____

(3) 彼は走るのがとても速いです。　　　　　　　　　(走る：跑 pǎo)

_____

(4) ホットコーヒーを1杯ください。（"要"を使って）

_____

**4** 音声を聞いて、ピンインを書き取ってください。　　　A63

(1) 吃午饭　　_____

(2) 弹钢琴　　_____

(3) 男朋友　　_____

(4) 没问题　　_____

# "吧"(3)、「あまり〜でない」、反復疑問文

# 下次一起去吧。

Xiàcì yìqǐ qù ba.

今度一緒に行きましょうよ。

································································

## これを学ぼう！

☐ 勧誘・提案の語気を表す助詞 "吧 ba" の用法
☐ "不太〜 bú tài〜"「あまり〜でない」の表現
☐ 反復疑問文

## これができる！

☐ 「〜しましょう」と提案したり、相手を誘ったりすることができる
☐ やんわりと否定することができる
☐ 「行く？ 行かない?」のような聞き方ができる

「また "吧" ですか?」という声が聞こえてきそうですが、これで "吧" の主な用法は全部ですから、ご安心ください。今回はお誘いや提案を表す用法です。「一緒に飲みに行こう」「バーベキューをやろう」などと言えるようになりますね。

## 📍 ロードマップ ‖‖‖‖‖‖‖‖‖‖‖‖‖‖‖‖‖‖‖‖‖‖‖‖‖‖‖‖‖‖‖‖‖‖‖‖‖‖‖‖‖‖‖‖‖‖‖‖‖‖‖‖‖‖

- "吧" について、軽い命令と推量を表す用法は学習しました。今回は「"吧" 三部作」の最終回、「〜しましょう」と勧誘・提案の語気を表す用法です。
  → ①

- "不太〜（あまり〜でない）"というやんわりした否定表現を学習します。
  → ②

- 反復疑問文という新しい形の疑問文を学びます。ほとんどの場合 "吗" 疑問文と言い換えることができますが、できない場合もあるのでご注意を。→ ③

今回のシチュエーション

## 食事に誘う

すてきな店をいつもお世話になっている王さんにもぜひ紹介したいと、伊藤さんは考えた。

🔊 A64

伊藤：
Wǒ zhīdao yì jiā tèbié hǎochī de Zhōngguó càiguǎn,
我知道一家特别好吃的中国菜馆，

xiàcì yìqǐ qù ba.
下次一起去吧。

王：
Nèi jiā diàn zài nǎr?
那家店在哪儿？

Yuǎn bu yuǎn?
远不远？

伊藤：
Bú tài yuǎn.
不太远。

伊藤：すごくおいしい中国料理店を知っているんですけど、

今度一緒に行きましょうよ。

王：その店はどこにあるの？

遠い？

伊藤：あまり遠くないです。

## 語注

□ 家 jiā (店などを数える量詞)～軒　　□ 特别 tèbié　とりわけ、すごく

□ 菜馆 càiguǎn　料理店　　□ 一起 yìqǐ　一緒に

□ 吧 ba　(勧誘・提案の語気を表す)～しましょう

□ 远 yuǎn　遠い　　□ 不太 bú tài　あまり～でない

## 1 語気助詞 "吧 ba" (3) 「〜しましょう」 ◁)) A65

語気助詞 "吧" は「〜しましょう」と勧誘・提案の語気を表すことができます。

◁)) 我们一起去吧。 Wǒmen yìqǐ qù ba.
私たちは一緒に行きましょう。

◁)) 吃了午饭去看电影吧。 Chīle wǔfàn qù kàn diànyǐng ba.
昼ごはんを食べたら映画を見に行こうよ。　　　　　　　　　　電影：映画

◁)) 星期六去河边烧烤吧。 Xīngqīliù qù hébiān shāokǎo ba.
土曜日に川辺へ行ってバーベキューをしようよ。

河边：川辺　烧烤：バーベキューをする

◁)) 这个周末我有事，下次吧。
Zhèige zhōumò wǒ yǒushì, xiàcì ba.
この週末は用事があるので、今度にしましょう。　　周末：週末　有事：用事がある

### 📖 メモ

「勧誘・提案 (〜しましょう)」と「軽い命令 (〜してください)」は全く違う表現ではなく、どちらにも訳せる場合があります。

下次来我家吃饺子吧。 Xiàcì lái wǒ jiā chī jiǎozi ba.
今度うちに来てギョーザを食べましょうよ。／今度うちに来てギョーザを食べてください。

## ② "不太～" 「あまり～でない」 ◁) A66

"不～"のみだと、「～でない」ときっぱりと否定することになりますが、"不太～"は「あまり～でない」「それほど～でない」という意味になり、やんわりとした否定になります。

◁) 我跑得不太快。 Wǒ pǎode bú tài kuài.
私は走るのがあまり速くありません。

◁) 这个点心不太甜，很好吃。
Zhèige diǎnxin bú tài tián, hěn hǎochī.
このお菓子はそれほど甘くなく、とてもおいしいです。　　点心：お菓子　甜：甘い

"太"は程度が非常に高いことを表す副詞で、よく"太～了"の形で用いられます。

◁) 太好了！ Tài hǎo le!
すばらしい！／最高！／やった！

◁) 您太客气了。 Nín tài kèqi le.
気を使いすぎですよ。

◁) 价格太贵，我不买了。 Jiàgé tài guì, wǒ bù mǎi le.
値段が高すぎて、買わないことにしました。　　价格：値段　贵：(値段が) 高い

📖✎ メモ ....................................................................

"太～了"はプラス評価にもマイナス評価にも使えますが、"太～"は「あまりにも～すぎる」という意味で、主にマイナス評価に使います。そのため、"这个菜太好吃。"は不自然で、"太～了"を使ったほうがいいです。

这个菜太好吃了。 Zhèige cài tài hǎochī le.
この料理はすごくおいしいです。

# ❸ 反復疑問文

　スキットに出てきた"远不远？"のように、「肯定形＋否定形」の語順で並べると疑問文になります。このようなタイプの疑問文を反復疑問文と呼びます。

你喝不喝咖啡？ Nǐ hē bu hē kāfēi?
コーヒーを飲みますか。

她是不是你女朋友？ Tā shì bu shì nǐ nǚpéngyou?
彼女はあなたの恋人ですか。　　　　　　　　　　女朋友：ガールフレンド、恋人

　反復疑問文の文末には"吗"を用いることができません。また、間の"不"は軽声になりますのでご注意ください。

你现在有没有时间？ Nǐ xiànzài yǒu méiyou shíjiān?
あなたは今、時間がありますか。

你看没看那个电影？ Nǐ kàn méi kàn nèige diànyǐng?
あの映画を見ましたか。

　※ "看没看"は"看（了）没看"の"了"が省略された形です。

## ✎ メモ

　反復される語が 2 文字の場合、最初の語の 2 文字目は省略できます。

他喜（欢）不喜欢喝酒？ Tā xǐ(huan) bu xǐhuan hē jiǔ?
彼はお酒を飲むのが好きですか。

いろいろな聞き方ができるようになって楽しいですね！ さて、反復疑問文は第1課で習った文末に用いる"吗"の疑問文と言い換えることができるでしょうか。では、もうひとがんばりして、その違いについて見ていきましょう。

## ✚ もうひとがんばり！

◁) A68

### ◆ 反復疑問文と"吗"疑問文

　ほとんどの反復疑問文は"吗"疑問文と言い換えられます。例えば、「あなたは行きますか」は、"你去不去?"と"你去吗?"のどちらで言っても意味の違いはありません。

　語気の違いについては、ほとんど差がないと思って大丈夫ですが、どちらかというと、問い詰める感じで聞く場合は反復疑問文を使うことが多いです。

　なお、"也"や"都"などの副詞が用いられる場合は、反復疑問文が使えません。

◁) 你也一起去吗？ Nǐ yě yìqǐ qù ma?
　あなたも一緒に行きますか。
　　　✕你也一起去不去？

◁) 你们都是学生吗？ Nǐmen dōu shì xuésheng ma?
　あなたたちはみな学生ですか。
　　　✕你们都是不是学生？

**1** 与えられた漢字の上にピンインを、
ピンインの下に漢字を書いてください。

(1)　　　　　　　(2)　　　　　　　(3)

　一起　　　　周末　　　　甜

(4) yuǎn　　　　(5) tèbié　　　　(6) diànyǐng

**2** 日本語の意味になるよう、語句を正しい順に並べ替えてください。

(1) きょうはあまり暑くありません。
　( 太 / 热 / 今天 / 不 )。

_____

(2) あなたには中国人の友達がいますか。
　( 有 / 没有 / 中国 / 你 / 朋友 )?

_____

(3) 一緒に映画を見に行きましょう。
　( 电影 / 一起 / 看 / 去 / 吧 )。

_____

(4) このお菓子は甘すぎます。
　( 点心 / 甜 / 这个 / 了 / 太 )。

_____

## 3 日本語を中国語に訳してください。

(1) あなたの家は遠いですか。（反復疑問文で）

_____

(2) 私もよく分かりません。　　　　　　　　（分かる：明白 míngbai）

_____

(3) きょうはギョーザを食べましょう。

_____

(4) あなたもコーヒーを飲みますか。

_____

## 4 音声を聞いて、ピンインを書き取ってください。　　◁)) A69

(1) 不太远　　_____

(2) 看电影　　_____

(3) 一起去　　_____

(4) 有时间　　_____

# 願望表現、動詞＋"一下"、時刻の言い方

# 我想预约一下。

Wǒ xiǎng yùyuē yíxià.

ちょっと予約をしたいのです。

## これを学ぼう！

- □ 願望を表す助動詞 "想xiǎng"
- □ 動詞＋"一下"「ちょっと〜する／してみる」の表現
- □ 時刻の言い方

## これができる！

- □ 「〜したい」と願望を表すことができる
- □ 語気を和らげた表現ができる
- □ 時刻が言える

 宝くじに当たったら、あなたは何がしたいですか。新しい服をたくさん買いたい？ 旅行をしたい？ 引っ越してもっといい家に住みたい？ そんないろいろな願望は今回の学習で全部実現……ではなく、中国語で言えるようになりますよ！

## 🔵 ロードマップ

- 助動詞 "想" の使い方をマスターし、<u>いろいろな願望が言える</u>ようになりましょう。→ **1**
- 「動詞＋"一下"」の表現を学んで、<u>「ちょっと〜する／してみる」のニュアンス</u>を表現できるようになりましょう。→ **2**
- さまざまな<u>時刻の言い方</u>を覚えましょう。→ **3**

今回のシチュエーション

# 店を予約する

伊藤さんと王さんが一緒に「回家」で食事することになった。席の数が少ないので予約をしておいたほうがよさそうだ。

🔊 A70

Wéi, nín hǎo!
伊藤：喂，您好！

Shì Liú āyí ma?　　Wǒ shì Dàhuī.
是刘阿姨吗？　我是大辉。

Wǒ xiǎng yùyuē yíxià.
我想预约一下。

Hǎo.　Shénme shíhou?　Jǐ wèi?
劉：好。什么时候？几位？

Míngtiān wǎnshang liù diǎn bàn, liǎng ge rén.
伊藤：明天晚上六点半，两个人。

伊藤：もしもし、こんにちは！
　　　劉おばさんですか。大輝です。
　　　ちょっと予約をしたいのです。

劉：いいですよ。いつ、何名様ですか。

伊藤：あしたの夜6時半に、2人です。

## 語注

□喂 wéi　もしもし　　□刘 Liú　（名字）劉　　□阿姨 āyí　おばさん

□想 xiǎng　〜したい　　□预约 yùyuē　予約する

□一下 yíxià　ちょっと〜する　　□什么时候 shénme shíhou　いつ、どんなとき

□位 wèi　〜名様　　□晚上 wǎnshang　夜

□点 diǎn　〜時　　□半 bàn　半、半分

### ❶ 願望を表す助動詞 "想 xiǎng" 「～したい」 ◁) A71

"想" は願望・意欲を表す助動詞で、動詞や動詞フレーズの前につけて「～したい」という意味を表します。

◁) 中了彩票，你想做什么？
Zhòngle cǎipiào, nǐ xiǎng zuò shénme?
宝くじに当たったら、何がしたいですか。　　　　　中：当たる　彩票：宝くじ

◁) 我想买房子。 Wǒ xiǎng mǎi fángzi.
私は家を買いたいです。　　　　　　　　　　　　房子：(建物としての) 家

「～したくない」と否定にするには、"想" の前に "不" をつけます。反復疑問文にする際には、動詞ではなく助動詞 "想" を反復します。

◁) 我今天不想喝酒。 Wǒ jīntiān bù xiǎng hē jiǔ.
私はきょうお酒を飲みたくないです。

◁) 你想不想结婚？ Nǐ xiǎng bu xiǎng jiéhūn?
あなたは結婚したいですか。　　　　　　　　　　結婚：結婚する

📖 メモ ………………………………………………………………………………

　第8課で習った助動詞 "要" も「～したい」の意味を表すことがありますが、"要" を使う場合、より実現させる意志が強く、実行を伴うことが多いです。それに比べて、"想" はただ願望を述べるだけで、実行を伴うとは限りません。

## ② 動詞＋"一下 yíxià" 「ちょっと～する／してみる」

◁》A72

"下"はもともとは短い動作の回数を表す量詞です。

◁》他拍了一下我的肩膀说："加油！"
Tā pāile yíxià wǒ de jiānbǎng shuō : "Jiāyóu!"
彼は私の肩をポンとたたいて、「がんばって！」と言った。　　拍：たたく　肩膀：肩

　この用法に関連しますが、"一下"はさまざまな動詞のあとにつけて、「ちょっと～する／してみる」と動作の気軽さを表し、語気を和らげることができます。

◁》你来一下。Nǐ lái yíxià.
ちょっと来て。

◁》请等一下。Qǐng děng yíxià.
ちょっとお待ちください。

◁》您试穿一下吧。Nín shìchuān yíxià ba.
ちょっと試着してみてください。　　　　　　　　　　試穿：試着する

メモ ................................................................

　"下"は動作の回数を表す量詞ですので、"一"以外の数詞になることもあります。

　　点击两下叫"双击"。Diǎnjī liǎng xià jiào "shuāngjī".
　　2回クリックすることを「ダブルクリック」と言います。
　　　　　　　　　　点击：（マウスを）クリックする　双击：ダブルクリック

**③ 時刻の言い方**　　　　　　　　　　　　🔊 A73

「～時…分」は "～点 diǎn …分 fēn" と言います。

🔊 1：00　　一点 yì diǎn　　　　※ "yī diǎn" とも発音します。

🔊 2：00　　两点 liǎng diǎn　　　※ "二点" とは言いません。

🔊 2：05　　两点(零)五分 liǎng diǎn (líng) wǔ fēn
　　　　　　　　　　　　　　　　　　　　※ "零" は省略できます。

🔊 12：40　　十二点四十(分) shí'èr diǎn sìshí (fēn)
　　　　　　　　　　　　　　　　　　　　　　※ "分" は省略できます。


15分のことを "一刻 yí kè" とも言います。30分のことを "半 bàn" とも言います。

🔊 3：15　　三点一刻(/十五分)
　　　　　　　sān diǎn yí kè (/shíwǔ fēn)

🔊 4：30　　四点半(/三十分) sì diǎn bàn (/sānshí fēn)

🔊 6：45　　六点三刻(/四十五分)
　　　　　　　liù diǎn sān kè (/sìshiwǔ fēn)

「～時…分前」は "差 chà …分 fēn ～点 diǎn" のように言います。

🔊 7：55　　差五分八点(/七点五十五分)
　　　　　　　chà wǔ fēn bā diǎn (/qī diǎn wǔshiwǔ fēn)


時刻を聞くときは疑問詞 "几" を使います。

🔊 现在几点?　 —— 九点半。
　Xiànzài jǐ diǎn?　　Jiǔ diǎn bàn.
　今何時ですか?　　　9時半です。

🔊 你几点来?
　Nǐ jǐ diǎn lái?
　あなたは何時に来ますか。

メモ

第7課で習った日付・曜日を含め、時刻・金額・年齢など数字と関係する ものや、祝日・天候などを表す名詞や名詞フレーズは、動詞"是"を使う必要 はなく、そのまま文の述語にすることができます。このような文を名詞述語 文と言います。

時刻の言い方は覚えましたか。日付もそうですが、言い方自体はそれほど 難しくないのですが、パッと数を言ったり聞き取ったりできるようになるに は、練習が必要です。さて、数を尋ねる"几"と"多少"の2つの疑問詞が 出てきましたね。その違いについて見てみましょう。

## ✚ もうひとがんばり!

◀)) A74

### ◆ 数を尋ねる疑問詞 "几" と "多少"

"几"と"多少"はいずれも数を尋ねる疑問詞ですが、使い分けが あります。"几"は、主に小さい数を前提に、ある範囲内の数だろ うと想定して尋ねるときに使います。

◀)) 今天星期几? Jīntiān xīngqī jǐ?
きょうは何曜日ですか。

◀)) 你有几个孩子？ Nǐ yǒu jǐ ge háizi?
お子さんは何人いますか。

"多少"はどのくらいの数かを想定せずに尋ねるときに使います。

◀)) 这个多少钱？ Zhèige duōshao qián?
これはいくらですか。

◀)) 你的电话号码是多少？
Nǐ de diànhuà hàomǎ shì duōshao?
あなたの電話番号は何番ですか。

1 与えられた漢字の上にピンインを、
ピンインの下に漢字を書いてください。

(1)　　　　　　　(2)　　　　　　　(3)

位　　　　　結婚　　　　房子

(4) āyí　　　　　　(5) shìchuān　　　　(6) shénme shíhou

2 日本語の意味になるよう、語句を正しい順に並べ替えてください。

(1) 今は2時5分前です。
　　( 五分 / 差 / 现在 / 两点 )。

 

(2) ちょっと先生に聞いてみてください。
　　( 你 / 老师 / 一下 / 问 / 吧 )。

 

(3) 私は中国へ旅行に行きたいです。
　　( 旅游 / 去 / 想 / 我 / 中国 )。

 

(4) 中国の人口はどのくらいありますか。
　　( 有 / 多少 / 中国 / 的 / 人口 )?

 

**3** 日本語を中国語に訳してください。

(1) では2時半に会いましょう。　　　　　　　（では：那 nà　会う：见 jiàn）

_____

(2) 今何時ですか。

_____

(3) 私は服を買いたいです。

_____

(4) ちょっとお手洗いへ行きます。　　　　（お手洗い：洗手间 xǐshǒujiān）

_____

**4** 音声を聞いて、簡体字とピンインを書き取ってください。　　　🔊 A75

　　　　　　　簡体字　　　　　　　ピンイン

(1) _____　　_____

(2) _____　　_____

(3) _____　　_____

(4) _____　　_____

# 経験の"过"、前置詞"在"、離合動詞

# 你们以前见过吗？

Nǐmen yǐqián jiànguo ma?

以前会ったことがあるんですか。

### これを学ぼう！

☐ 経験を表す助詞"过guo"

☐ 「〜で」を表す前置詞"在zài"

☐ 離合動詞

### これができる！

☐ 「〜したことがある」と経験について言える

☐ 「〜で（…する）」と動作を行う場所について表現できる

☐ 離合動詞を使うことができる

中国語には、「離合動詞」というとても面白い動詞があります。その名のとおり、離合動詞は1語のように見えても、実際に使うときには、2つのパーツに分離してばらばらになったりします。最初はちょっと戸惑うかもしれませんが、使いこなせるとなかなか楽しいですよ。

### ⬤ ロードマップ ‖‖‖‖‖‖‖‖‖‖‖‖‖‖‖‖‖‖‖‖‖‖‖‖‖‖‖‖‖‖‖‖‖‖‖‖‖‖‖‖‖‖‖‖‖

- "过"の用法をマスターして、「会ったことがある」のような文が言えるようになりましょう。→ ❶

- "在"が「〜で（…する）」という意味の前置詞として再登場します。この用法を身につけて、「北京で会ったことがある」のような文も言えるようになりましょう。→ ❷

- 「『婚』を1回『結』したことがある」のようなちょっと変わった言い方になる離合動詞について学習します。→ ❸

今回のシチュエーション

## 人を紹介する

伊藤さんと王さんは「回家」にやってきた。劉さんの顔を見た王さんはびっくりする。

🔊A76

Wǒ jièshào yíxià, tā shì wǒ de tóngshì.
伊藤：我介绍一下，她是我的同事。

Ā!　　　　Xīnyí!
劉：啊！　欣怡！

Éi?　　　Nǐmen yǐqián jiànguo ma?
伊藤：欸？　你们以前见过吗？

Wǒ zài zhèi jiā diàn dǎguo gōng!
王：我在这家店打过工！

伊藤：ちょっと紹介します。彼女は僕の同僚です。

劉：あ！　シンイちゃん！

伊藤：え？　以前会ったことがあるんですか。

王：私はこの店でアルバイトをしたことがあるのよ！

### 語注

□ 介绍 jièshào　紹介する　　　□ 同事 tóngshì　同僚

□ 欣怡 Xīnyí　(人名)欣怡　　　□ 以前 yǐqián　以前、昔

□ 过 guo　～したことがある

□ 在 zài　～で (…する)　　　□ 打工 dǎgōng　アルバイトする (離合動詞)

109

## ① 動詞＋"过 guo" 「〜したことがある」

◁)) A77

　動詞のあとに助詞"过"をつけると、「〜したことがある」と過去の経験を表すことができます。

◁)) 我玩儿过蹦极。 Wǒ wánrguo bèngjí.
　私はバンジージャンプをやったことがあります。　　　　　蹦极：バンジージャンプ

◁)) 他大学的时候学过中文。
　Tā dàxué de shíhou xuéguo Zhōngwén.
　彼は大学のとき中国語を習ったことがあります。　　　　　时候：(〜の) とき

「〜したことがない」と否定するには、動詞の前に**"没 (有)"**をつけます。

◁)) 我还没(有)去过冲绳。
　Wǒ hái méi(you) qùguo Chōngshéng.
　私はまだ沖縄に行ったことがありません。　　　　　还：まだ　冲绳：沖縄

反復疑問文は 2 つの形があります。

a.「動詞＋"没"＋動詞＋"过"」　　　b.「動詞＋"过"＋ (目的語) ＋"没有"」

◁)) 你去没去过冲绳？　◁)) 你去过冲绳没有？
　Nǐ qù méi qùguo Chōngshéng?　Nǐ qùguo Chōngshéng méiyou?
　あなたは沖縄に行ったことがありますか。

### メモ

　"过" は形容詞のあとに用いることもあります。

　　我以前也瘦过，现在胖了。
　　Wǒ yǐqián yě shòuguo, xiànzài pàng le.
　　以前は痩せていたこともあったけど、今は太っています。　　　瘦：痩せている

## ❷ 前置詞"在 zài"「～で」

◁》A78

　"在"については、第5課で「"在"＋場所」の形で「どこそこにある／いる」という動詞の用法を学びました。「"在"＋場所」のあとに動詞が続くと、"在"は「～で」という意味の前置詞になります。

```
在 ＋ 場所 ＋ 動詞
どこそこで～をする
```

◁》我在新宿换车。 Wǒ zài Xīnsù huànchē.
私は新宿で乗り換えます。
換车：乗り換える

◁》您在哪儿工作？ Nín zài nǎr gōngzuò?
あなたはどこで働いていますか。
工作：働く、仕事をする

◁》今天在外边吃饭吧。 Jīntiān zài wàibian chī fàn ba.
きょうは外でごはんを食べましょう。

◁》我想在这儿工作。 Wǒ xiǎng zài zhèr gōngzuò.
私はここで働きたいです。

※助動詞"想"などは、前置詞の前に置きます。

📖✎ メモ ...............................................................................

　"在"は必ずしも「～で」と訳せるわけではなく、「～に」と訳したほうが自然な場合もあります。

　请在这儿签名。 Qǐng zài zhèr qiānmíng.
ここにサインをしてください。
签名：サインをする

## ③ 離合動詞

🔊 A79

　例えば"结婚 jiéhūn（結婚する）"は1語のように見えますが、実際に使うときには、"结"と"婚"の2つのパーツに分離して、ほかの語句が間に入ることがあります。このように離れたり合わさったりする動詞を離合動詞と言います。

🔊 **她想结了婚就辞职。** Tā xiǎng jiéle hūn jiù cízhí.
彼女は結婚したらすぐ仕事を辞めたいと思っています。　　　　辞职：仕事を辞める

🔊 **他以前结过一次婚。** Tā yǐqián jiéguo yí cì hūn.
彼は以前、一度結婚したことがある。　　　　　　　　　　次：〜回、〜度

　ちょっと不思議な形ですが、"读书 dúshū（読書する、本を読む）"という離合動詞で考えると分かりやすいです。"读书"は「読書する」だと1語のように見えますが、「本を読む」という意味を考えれば"读"と"书"の2語と解釈することもできます。"结婚"も同じく「婚」姻関係を「结」ぶという構造になっていますね。
　以下の例文で、離合動詞がどのように「離合」しているのかを確認しましょう。

🔊 **我喜欢读书。** Wǒ xǐhuan dúshū.
私は本を読むのが好きです。

🔊 **我读过那本书。** Wǒ dúguo nèi běn shū.
私はあの本を読んだことがあります。　　　　本：(書籍を数える量詞)〜冊

🔊 **我今天读了两本书。** Wǒ jīntiān dúle liǎng běn shū.
私はきょう本を2冊読みました。

# ➕ もうひとがんばり！　🔊A80

## ◆ 離合動詞をもっと覚えましょう

- **"点头 diǎntóu"** うなずく

  🔊他点了一下头。 Tā diǎnle yíxià tóu.
  彼はちょっとうなずきました。

- **"见面 jiànmiàn"** 会う

  🔊我们见过一次面。 Wǒmen jiànguo yí cì miàn.
  私たちは一度会ったことがあります。

  ※"见"だけでも「会う」の意味ですが、"见面"は「顔を合わせる」という意味の離合動詞です。

- **"请假 qǐngjià"** 休暇を取る

  🔊我昨天请了一天假。 Wǒ zuótiān qǐngle yì tiān jià.
  私はきのう一日休暇を取りました。　　　　　　　天：～日

- **"散步 sànbù"** 散歩する

  🔊散一会儿步吧。 Sàn yíhuìr bù ba.
  しばらく散歩しましょう。　　　　　　　一会儿：しばらくの間

- **"照相 zhàoxiàng"** 写真を撮る

  🔊一起照一张相吧。 Yìqǐ zhào yì zhāng xiàng ba.
  一緒に写真を（1枚）撮りましょう。

※離合動詞かどうかを確認するには、辞書を調べるといいです。多くの辞書では、ピンインの間に「//」が入った形で離合動詞であることを示しています。
例：打工 dǎ//gōng

**1** 与えられた漢字の上にピンインを、
ピンインの下に漢字を書いてください。

(1)　　　　　　　(2)　　　　　　　(3)

同事　　　　　以前　　　　　打工

(4) jièshào　　　(5) shíhou　　　(6) huànchē

**2** 日本語の意味になるよう、語句を正しい順に並べ替えてください。

(1) 私はピアノを習ったことがありません。
我（钢琴 / 学 / 没 / 过）。

_____

(2) 私は書店で働きたいです。　　　　　　　　　（書店：书店 shūdiàn）
我（在 / 工作 / 想 / 书店）。

_____

(3) あなたは宝くじを買ったことがありますか。
你（彩票 / 过 / 买 / 没有）?

_____

(4) 父は写真をたくさん撮りました。
（爸爸 / 很多 / 了 / 照 / 相）。

_____

## 3 日本語を中国語に訳してください。

(1) 私は中国に行ったことがあります。

_____

(2) ちょっとここに書いてください。 （ちょっと：一下 yíxià）

_____

(3) 私たちは以前会ったことがありません。

_____

(4) 私はあの本を読んだことがありません。

_____

## 4 音声を聞いて、簡体字とピンインを書き取ってください。 ◁))A81

　　　　　　簡体字　　　　　　　　ピンイン

(1) _____　　　_____

(2) _____　　　_____

(3) _____　　　_____

(4) _____　　　_____

# "是〜的"、"的"(3)、時間点と時間量

# 这家店是去年搬到这里的。

Zhèi jiā diàn shì qùnián bāndào zhèli de.

この店は、去年ここに引っ越してきたの。

### これを学ぼう！

□ "是〜的"構文
□ 動詞などで名詞を修飾するときの"的de"
□ 時間点と時間量

### これができる！

□ 出来事が起きた時間や場所などを取り立てる表現ができる
□ 動詞などで名詞を修飾することができる
□ 時間点（「いつ」）と時間量（「どのくらいの時間」）の違いが分かる

中国人の友達ができると、「中国のどこから来たのですか」と聞きますよね。
そのとき必ず使うのが、今回習う"是〜的"構文です。さまざまな場面でよ
く使う構文なのでしっかりと学習してください！

## 🔘 ロードマップ

• 「ある出来事が**いつ・どこで・どのように起こったかを言う**」表現をマスターし
  ましょう。→ ❶

• 名詞 / 形容詞で名詞を修飾する際に使われる"的"の用法はすでに習いま
  した。今回は**動詞などで名詞を修飾する方法**を学びます。→ ❷

• **時間点と時間量**の違い、及びそれぞれ文中に置かれる位置について学びま
  す。→ ❸

今回のシチュエーション

# 偶然の再会

「回家」の前身は、王さんが通っていた大学近くにあった「永福菜館」だった。

🔊 B01

Zhèi jiā diàn shì qùnián bāndào zhèli de.

劉：这家店是去年搬到这里的。

Yǐqián de diànmíng jiào "Yǒngfú Càiguǎn",

王：以前的店名叫"永福菜馆",

wǒ shàng dàxué de shíhou dǎguo liǎng nián gōng.

我上大学的时候打过两年工。

Zhēn tài qiǎo le!

伊藤：真太巧了！

劉：この店は、去年ここに引っ越してきたの。

王：以前の店は「永福菜館」という名前で、

　　私が大学に通っていたとき、2年間アルバイトをしたことがあるんです。

伊藤：本当に偶然ですね！

## 語注

□去年 qùnián　去年　　□搬到 bāndào　（～に）引っ越す

□店名 diànmíng　店の名前　　□永福菜館 Yǒngfú Càiguǎn　（店名）永福菜館

□上 shàng　（学校などに）通う ["上大学"で「大学に通う」の意味]

□巧 qiǎo　偶然である

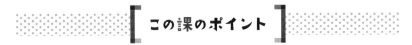
## ❶ "是〜的" 構文

◁) B02

すでに起きた出来事について、その出来事が起きた時間・場所・方式などを取り立てて述べるとき、"是〜的" 構文を使わなければなりません。

（時間を取り立てる）

◁) 你(是)什么时候来的？ Nǐ (shì) shénme shíhou lái de?
あなたはいつ来たのですか。

（場所を取り立てる）

◁) 他(是)从北海道来的。 Tā (shì) cóng Běihǎidào lái de.
彼は北海道から来ました。　　　　　　　　　　　　　　　从：〜から

（方式を取り立てる）

◁) 我(是)坐地铁来的。 Wǒ (shì) zuò dìtiě lái de.
私は地下鉄で来ました。　　　　　　　　　　　坐：乗る　地铁：地下鉄

"是" と "的" は舞台両側のスポットライトのように、その間の部分を照らして際立たせています。スポットライトは 1 つだけ（"的"）の場合もあります（"是" は省略できます）。

ただし、否定の場合は、"是" を省略することができません。

◁) 我不是坐地铁来的，我(是)坐公交车来的。
Wǒ bú shì zuò dìtiě lái de, wǒ (shì) zuò gōngjiāochē lái de.
私は地下鉄で来たのではなく、バスで来たんです。　　　　公交车：バス

 メモ

"是〜的" 構文が使われている時点で、出来事がすでに起きていることが自明なので、動作の完了を表す "了" を使う必要はありません。

## 2 "的 de" の用法 (3)

◁》B03

"上大学的时候 (大学に通っていたとき)" のように、動詞 (フレーズ) で名詞を修飾するときは、間に "的" が必要です。

◁》**现在学中文的人很多。**
Xiànzài xué Zhōngwén de rén hěn duō.
今中国語を習う人はとても多いです。

◁》**以前学的内容都忘了。**
Yǐqián xué de nèiróng dōu wàng le.
以前習った内容は全部忘れてしまいました。　　　　　　　　　忘：忘れる

◁》**这是你妻子做的便当吗？**
Zhè shì nǐ qīzi zuò de biàndāng ma?
これは奥さんが作ったお弁当ですか。　　　　　　　　　妻子：妻、奥さん

疑問詞 (フレーズ) が名詞の修飾語になる場合も見ていきましょう。疑問詞によっては、"的" が必要な場合とそうでない場合があります。以下の例で確認しましょう。

- **"的" が不要：**

◁》**什么书** shénme shū　　　◁》**哪个菜** něige cài
何の本　　　　　　　　　　　　どの料理

◁》**多少人** duōshao rén
どのくらいの人

- **"的" が必要：**

◁》**谁的伞** shéi de sǎn　　　◁》**哪儿的学生** nǎr de xuésheng
誰の傘　　　　　　　　　　　　どこの学生

◁》**什么时候的事** shénme shíhou de shì
いつのこと

📖🖊️ **メモ** ..............................................................

　これまで見てきたとおり、中国語の "的" は日本語の「の」の使い方とだいぶ違います。ちょっとややこしいですが、使う頻度が非常に高いので、十分注意しましょう。

# ③ 時間点と時間量

時間点とは、「1月」「ついたち」「1時」など、時間の流れの中のある点のことです。時間量とは「1か月」「いちにち」「1時間」など、時間のひと区切りの量のことです。時間点と時間量を表す語句は文中に置かれる位置が違うので、注意する必要があります。

**いつ～する：「時間点＋動詞」**

他每天六点起床。 Tā měitiān liù diǎn qǐchuáng.
彼は毎日6時に起きます。　　　　　　　　　　　　　　每天：毎日　起床：起きる

我是从四月开始学中文的。
Wǒ shì cóng sìyuè kāishǐ xué Zhōngwén de.
私は4月から中国語を習い始めました。　　　　　　　　　　開始：始める

**どのくらいの時間～する：「動詞＋時間量」**

他每天睡六个小时。 Tā měitiān shuì liù ge xiǎoshí.
彼は毎日6時間寝ます。　　　　　　　　　　　　　　　小时：～時間

我学了四个月中文。 Wǒ xuéle sì ge yuè Zhōngwén.
私は4か月中国語を学びました。

📖✏️ **メモ** .............................................................................

時間量が動詞の前に置かれることもあります。その場合は、一定の時間量のうち、ある動作が起きる頻度や達成の程度などを表します。

我一年回一次老家。 Wǒ yì nián huí yí cì lǎojiā.
私は1年に1回実家に帰ります。　　　　　　　　　回：帰る　老家：実家

120

時間点と時間量の表現でちょっと混乱していませんか。下記の表にまとめましたので、比較して覚えてください。効率的ですよ。

## ✚ もうひとがんばり！　🔊 B05

### ◆ 時間点と時間量の表現を比較して覚えましょう

🔊

|  | 時間点 | 時間量 |
|---|---|---|
| 年 | ～年 nián<br>例：二〇二〇年 (2020 年) | ～年 nián<br>例：二十年 (20 年間) |
| 月 | ～月 yuè<br>例：三月 (3 月) | ～个月 ge yuè<br>例：三个月 (3 か月) |
| 週 | 星期～ xīngqī<br>例：星期一 (月曜日) | ～个星期 ge xīngqī<br>例：一个星期 (1 週間) |
| 日 | ～号 hào<br>例：二号 (2 日) | ～天 tiān<br>例：两天 (2 日間) |
| 時 | ～点 diǎn<br>例：八点 (8 時) | ～个小时 ge xiǎoshí<br>例：八个小时 (8 時間) |
| 分 | ～分 fēn<br>例：两点十分 (2 時 10 分) | ～分钟 fēnzhōng<br>例：十分钟 (10 分間) |

1 与えられた漢字の上にピンインを、
ピンインの下に漢字を書いてください。

(1)　　　　　　(2)　　　　　　(3)

忘　　　　　起床　　　　　北海道

(4) cóng　　　(5) xiǎoshí　　　(6) gōngjiāochē

2 日本語の意味になるよう、語句を正しい順に並べ替えてください。

(1) あなたは何年生まれですか。　　　　　　(生まれる：出生 chūshēng)
你（ 出生 / 哪年 / 是 / 的 ）?

_____

(2) あなたはきのう何時に寝たのですか。
你（ 几点 / 睡 / 昨天 / 的 ）?

_____

(3) あなたたち、10分間休んでください。
（ 你们 / 十分钟 / 休息 / 吧 ）。

_____

(4) 私の母が作ったギョーザはとてもおいしいです。
（ 的 / 饺子 / 我妈妈 / 很好吃 / 做 ）。

_____

**3** 日本語を中国語に訳してください。

(1) どの料理が辛くないですか。

_____

(2) 彼は北京で 1 年働いたことがあります。

_____

(3) あなたはどこから来たのですか。

_____

(4) あなたはいつから中国語を習い始めたのですか。

_____

**4** 音声を聞いて、簡体字とピンインを書き取ってください。　　◁》B06

　　　　　　簡体字　　　　　　　ピンイン

(1) _____　　　_____

(2) _____　　　_____

(3) _____　　　_____

(4) _____　　　_____

# 主述述語文、省略疑問文、助動詞"能"

# 今天能见到你们，我太高兴了！

Jīntiān néng jiàndào nǐmen, wǒ tài gāoxìng le!

きょうお二人に会えてすごくうれしいです！

## これを学ぼう！

- ☐ 主述述語文
- ☐ 省略疑問文
- ☐ 可能を表す助動詞"能 néng"「〜できる」

## これができる！

- ☐ 「中国は人口が多いです」のような「〜は…が…」の文型を使える
- ☐ 「〜だけど、あなたは?」のようにコンパクトに質問できる
- ☐ 「〜できる」と可能の意味を表すことができる

「これができる！」の「できる」という表現がやっと出てきましたね。"能"をはじめ、今回は可能を表す助動詞を 3 つ紹介します。「3 つもあるの?」と聞こえてきそうですが、がんばってください。あなたならきっとできる！"你一定能做到! Nǐ yídìng néng zuòdào!"（做到：やり遂げる）

## 📍 ロードマップ ‖‖‖‖‖‖‖‖‖‖‖‖‖‖‖‖‖‖‖‖‖‖‖‖‖‖‖‖‖‖‖‖‖‖‖‖‖‖‖‖‖‖‖‖‖

- 「動詞述語文」「形容詞述語文」「名詞述語文」に続いて、「主述述語文」を学習します。➡ **①**

- 名詞などに直接"呢 ne"をつけて質問するという、とても**シンプルで使い勝手がいい**「省略疑問文」を学びます。➡ **②**

- **可能を表す 3 つの助動詞**を学びます。それぞれの特徴に注意しましょう。➡ **③**

今回のシチュエーション

# 久しぶりに会う

厨房にいたオーナーの李永福さんは王さんの声が聞こえると、すぐに出てきた。

◁)) B07

Xīnyí! Hǎojiǔ bú jiàn le.
李：欣怡！ 好久不见了。

Lǐ shūshu, nín shēntǐ hǎo ma?
王：李叔叔，您身体好吗？

Hěn hǎo, hěn hǎo. Nǐ ne?
李：很好，很好。你呢？

Wǒ yě hěn hǎo.
王：我也很好。

Jīntiān néng jiàndào nǐmen, wǒ tài gāoxìng le!
今天能见到你们，我太高兴了！

李：シンイちゃん！ 久しぶりだね。

王：李おじさん、お元気ですか。

李：元気、元気。シンイちゃんは？

王：私も元気です。きょうお二人に会えてすごくうれしいです！

## 語注

□好久不见（了）。Hǎojiǔ bú jiàn (le). お久しぶりです。(慣用表現。文末の "了" は省略可) □叔叔 shūshu おじさん □呢 ne 〜は？ □能 néng 〜できる □见到 jiàndào 会える

## 1 主述述語文

◁)) B08

---

| 主語 | 述語 | |
|------|------|---|
| 中国 | 人口 | 很多。 |
| | 主語 | 述語 |

中国は人口が多いです。

---

この文の主語は"中国"で、述語は"人口很多"です。この述語部分も「主語（人口）｜述語（多い）」という関係になっています。このような構造の文を主述述語文と言います。日本語には「〜は…が…」と訳すと自然でしょう。

◁)) 今天风 很大。 Jīntiān fēng hěn dà.
きょうは風が強いです。
　　　　　　　　　　　　　　　　　　　　　　　风：風　大：大きい、強い

◁)) 他性格 特别好。 Tā xìnggé tèbié hǎo.
彼は性格がすごくいいです。

◁)) 爸爸工作 很忙。 Bàba gōngzuò hěn máng.
父は仕事が忙しいです。

メモ .................................................................
　"中国人口很多。"は、"中国的人口很多。（中国の人口は多いです）"と言い換えても意味は変わりません。ただ、"中国人口很多。"が主述述語文であるのに対し、"中国的人口很多。"は形容詞述語文になります（主語は"中国的人口"、述語は"很多"という構造です）。

# **2** 省略疑問文

◁) B09

> ## 名詞性の語句＋呢？
> ～は（どうですか／どこですか）？

　名詞や人称代詞などに"呢"をつけると、「～は（どうですか）?」という述語部分が省略されたコンパクトな疑問文となります。このタイプの疑問文を「省略疑問文」と言います。

◁) 我喝冰咖啡，你呢？ Wǒ hē bīng kāfēi, nǐ ne?
私はアイスコーヒーにするけど、あなたは？　　　　　　　　　　　　　　冰：アイス

◁) 今天没时间吗？　那明天呢？
Jīntiān méi shíjiān ma?　Nà míngtiān ne?
きょうは時間がないですか。　じゃああしたは？

　省略された部分は「どうですか」のほかに、「どこですか」と物や人の所在を聞くこともあります。

◁) 欸？　遥控器呢？ Éi? Yáokòngqì ne?
あれ？　リモコンは（どこ）？　　　　　　　　　　　　　　遥控器：リモコン

◁) 你们店长呢？ Nǐmen diànzhǎng ne?
あなたたちの店長は（どこ）？

127

## ③ 可能を表す助動詞 "能 néng" 「～できる」 ◁)) B10

　助動詞 "能" を動詞や動詞フレーズの前に置くと、「～できる」と可能の意味を表すことができます。

◁)) 你明天能来吗？ Nǐ míngtiān néng lái ma?
　あなたはあした来られますか。

◁)) 我能跑十公里。 Wǒ néng pǎo shí gōnglǐ.
　私は 10 キロ走れます。　　　　　　　　　　　　　　公里：キロメートル

◁)) 月底能交货。 Yuèdǐ néng jiāohuò.
　月末には納品できます。　　　　　　　　　　　月底：月末　交货：納品する

　反復疑問文にするには、助動詞 "能" を反復させます。

◁)) 你能不能吃辣的？ Nǐ néng bu néng chī là de?
　辛いのは食べられますか。

 メモ ...........................................................................................

　否定形には "不" だけでなく、"没" を用いることもできます。

　没能见面，很遗憾。 Méi néng jiànmiàn, hěn yíhàn.
　お会いできなくて、とても残念です。　　　　　　　　　　　遗憾：残念だ

> "能" 以外にも、「～できる」という意味の助動詞があります。もうひとがんばりして、「～できる」の助動詞を完全マスターしましょう！

## ✚ もうひとがんばり！

### ◆ 可能の意味を表すそのほかの助動詞"会""可以"

外国語・スポーツ・楽器など、練習によってある技能を習得して「できる」ということを表す場合は、助動詞"会 huì"を使います。

◁》我会说一点儿中文。
Wǒ huì shuō yìdiǎnr Zhōngwén.
私は少し中国語が話せます。

一点儿：少し

◁》你会游泳吗？
Nǐ huì yóuyǒng ma?
あなたは泳げますか。

游泳：泳ぐ

◁》我会弹吉他，不过弹得不太好。
Wǒ huì tán jítā, búguò tánde bú tài hǎo.
私はギターが弾けますが、あまり上手ではありません。

吉他：ギター

「〜をしてもいい」という許可のニュアンスを表す場合は、よく"可以 kěyǐ"を使います。"可以"はほとんどの場合"能"と言い換えられます。

◁》可以一起照一张相吗？
Kěyǐ yìqǐ zhào yì zhāng xiàng ma?
一緒に写真を撮ってもいいですか。

◁》这儿不可以抽烟。
Zhèr bù kěyǐ chōuyān.
ここはたばこを吸うことができません。

**1** 与えられた漢字の上にピンインを、
ピンインの下に漢字を書いてください。

(1)　　　　　　　　(2)　　　　　　　　(3)

　叔叔　　　　　公里　　　　　好久不见

(4) fēng　　　　(5) jítā　　　　(6) yáokòngqì

**2** 日本語の意味になるよう、語句を正しい順に並べ替えてください。

(1) 私は運転できません。　　　　　　　　　　　　（運転する：开车 kāichē）

　　( 我 / 开车 / 会 / 不 )。

_____

(2) 私はビールにするけど、あなたは？

　　我 ( 你 / 喝 / 呢 / 啤酒, )？

_____

(3) きょうは天気があまりよくありません。　　　　（天気：天气 tiānqì）

　　( 天气 / 今天 / 好 / 不 / 太 )。

_____

(4) あなたはギョーザを何個食べられますか。

　　你 ( 吃 / 饺子 / 能 / 几个 )？

_____

**3** 日本語を中国語に訳してください。

（1）私はピアノを弾けません。

_____

（2）私は仕事が忙しいです。

_____

（3）（私は）休みを取ってもいいですか。　　　　　　　（休みを取る：请假 qǐngjià）

_____

（4）私は新宿で乗り換えるけど、あなたは？

_____

**4** 音声を聞いて、簡体字とピンインを書き取ってください。　　　◁)) B12

　　　　　　簡体字　　　　　　　ピンイン

（1）_____　　　_____

（2）_____　　　_____

（3）_____　　　_____

（4）_____　　　_____

# 動作の進行を表す副詞 "在"、比較表現

# 你比以前更漂亮了！

Nǐ bǐ yǐqián gèng piàoliang le!

前よりもっときれいになったわね！

## これを学ぼう！

- ☐ 動作の進行を表す副詞 "在 zài"
- ☐ 比較表現 "A比 bǐ B〜"
- ☐ 比較表現 "A没有 méiyou B〜"

## これができる！

- ☐ 「〜している」と動作の進行を表すことができる
- ☐ 「AはBより〜」と比較する言い方ができる
- ☐ 「AはBほど〜でない」と比較する言い方ができる

英語の進行形は、動詞のあとに ing をつけ、不規則な語形変化もありますが、中国語の場合は、動詞の前に "在" をつけるだけで動作の進行を表すことができます。中国語のほうが英語よりずっと簡単ですね。今回の学習で「AはBより〜」という比較表現もできるようになりますよ。

## 🔵 ロードマップ

- "在" については、「ある／いる」という意味の動詞、「〜で」という意味の前置詞の用法は学習しました。今回は動作の進行を表す用法です。→ ❶
- "A比B〜（AはBより〜だ）"という比較表現を学びます。→ ❷
- "A没有B〜（AはBほど〜でない）"という比較表現を学びます。→ ❸

今回のシチュエーション

## 古い友人と話す

偶然の再会に感激し、みんなは楽しく話をしている。

◁)) B13

Nǐ bǐ yǐqián gèng piàoliang le!

劉：你比以前更漂亮了！

Nǎli nǎli.

王：哪里哪里。

Xiànzài méiyou yǐqián nàme niánqīng le.

现在没有以前那么年轻了。

Yǒu nánpéngyou ma?

劉：有男朋友吗？

Hái méiyou ne.　　Xiànzài zhèngzài zhǎo ne.

王：还没有呢。现在正在找呢。

劉：前よりもっときれいになったわね！

王：いえいえ。もう以前のように若くないですよ。

劉：彼氏はいるの？

王：まだいないんです。今探しているところです（→今募集中です）。

## 語注

□ 比 bǐ　～より　　□ 更 gèng　さらに、もっと

□ 哪里哪里。Nǎli nǎli.　（慣用表現）とんでもない。いえいえ。

□ 那么 nàme　そんなに、あんなに（「こんなに」は "这么 zhème"）

□ 年轻 niánqīng　若い　　□ 呢 ne　（進行や持続の語気を表す助詞）

□ 正在 zhèngzài　（ちょうど）～しているところ　　□ 找 zhǎo　探す

# ［この課のポイント］

**1** 進行を表す副詞 "在 zài" 「～している」 ◁)) B14

> (正) 在 + 動詞 + （呢）
> （ちょうど）～しているところ

　今回の "在" は副詞で、動詞の前につけて「～している」と動作の進行を表します。

◁)) 妈妈在做饭呢。 Māma zài zuòfàn ne.
　　母はごはんを作っています。

◁)) 爸爸还在加班。 Bàba hái zài jiābān.
　　父はまだ残業をしています。

　この "在" は、進行・持続の語気を表す助詞 "呢" と相性がよく、しばしば一緒に登場します。「（ちょうど）～しているところ」とタイミングを強調したいときは、"正在～" のように言います。

◁)) 他正在接电话呢。 Tā zhèngzài jiē diànhuà ne.
　　彼は（ちょうど）電話に出ているところです。　　　　接电话：電話に出る

📖✎ メモ ..........................................................................

　「どこそこで何々をしている」と言う場合は、「"在" + 場所 + 動詞（+ "呢"）」のように表現します。1回だけ用いられる "在" には、「～で」と「～している」の両方の意味が含まれています。

　孩子们在公园里玩儿呢。 Háizimen zài gōngyuán li wánr ne.
　子供たちは公園で遊んでいます。　　　　　　　　　　公园：公園

## ② "A 比 bǐ B〜" 「A は B より〜だ」 　　　　　◁» B15

> ### A ＋ 比 ＋ B ＋ 形容詞
> A は B より〜だ

　"A 比 B〜" の形で「A は B より〜だ」という比較の意味を表します。「〜」の部分には主に形容詞や形容詞フレーズが入ります。

◁» **牛肉比鸡肉贵。** Niúròu bǐ jīròu guì.
　　牛肉は鶏肉より高いです。　　　　　　　　　　　　　　　　鸡肉：鶏肉

◁» **今天比昨天凉快。** Jīntiān bǐ zuótiān liángkuai.
　　きょうはきのうより涼しいです。　　　　　　　　　　　　　凉快：涼しい

　比較の差を表す語句は最後に置きます。日本語と語順が逆なので注意しましょう。

◁» **牛肉比鸡肉贵多了。** Niúròu bǐ jīròu guì duōle.
　　牛肉は鶏肉よりずっと高いです。　　　　　　　　　　　　　多了：ずっと

◁» **今天比昨天凉快一点儿。**
　　Jīntiān bǐ zuótiān liángkuai yìdiǎnr.
　　きょうはきのうより少し涼しいです。

◁» **他比我大一岁。** Tā bǐ wǒ dà yí suì.
　　彼は私より1歳年上です。　　　　　　　　　　大：年上だ　岁：歳

📖✏ **メモ** ･･････････････････････････････････････････････････････

　比較を表す文では "很" "非常" などの副詞を形容詞の前に用いることはできません。比較の差を強調したい場合は、「形容詞＋"多了"」などの形で表現しましょう。

　　✕牛肉比鸡肉很贵。　　〇牛肉比鸡肉贵多了。

135

**"A 没有 méiyou B 〜"** 「**A は B ほど〜でない**」

> ## A＋没有＋B＋形容詞
> AはBほど〜でない

「AはBほど〜でない」は "A 没有 B 〜" のように表現します。

🔊 **工作没有健康重要。**
Gōngzuò méiyou jiànkāng zhòngyào.
仕事は健康ほど重要ではありません。

🔊 **开车去没有坐电车去快。**
Kāichē qù méiyou zuò diànchē qù kuài.
車で行くのは電車で行くほど速くありません。　　　　　　　　　　　电车：電車

🔊 **这家店没有那家(店)好吃。**
Zhèi jiā diàn méiyou nèi jiā (diàn) hǎochī.
この店はあの店ほどおいしくありません。

　上の例のように、重複する名詞の部分（"店"）は省略することもあります。

📖 **メモ** ................................................................................................

　形容詞の前には、しばしば「こんなに／あんなに」という意味の "这么 zhème/ 那么 nàme" が用いられます。

以前没有现在这么胖。　Yǐqián méiyou xiànzài zhème pàng.
昔は今ほど（こんなに）太っていませんでした。

这个月没有上个月那么忙。
Zhèige yuè méiyou shàng ge yuè nàme máng.
今月は先月ほど（あんなに）忙しくありません。　　这个月：今月　上个月：先月

## ✚ もうひとがんばり！

### ◆「A は B と同じ」「A は B と違う」の表現

「A は B と同じ」は "A 跟 B 一样" のように表現します。"跟 gēn"
は「〜と」という意味の前置詞で、"一样 yíyàng" は「同じだ」とい
う意味ですね。

◁》 今天的气温跟昨天一样。
　Jīntiān de qìwēn gēn zuótiān yíyàng.
　きょうの気温はきのうと同じです。

　　　　　　　　　　　　　　　　　　　　　　气温：気温

「A は B と同じくらい〜だ」は "一样" のあとに形容詞などをつけ
るだけです。

◁》 今天跟昨天一样热。
　Jīntiān gēn zuótiān yíyàng rè.
　きょうはきのうと同じくらい暑いです。

「A は B と違う」は "A 跟 B 不一样" と言えば OK です。また、"不
太一样" にすれば「A は B とちょっと違う」の意味になります。

◁》 妹妹的性格跟姐姐不(太)一样。
　Mèimei de xìnggé gēn jiějie bù (tài) yíyàng.
　妹の性格は姉と（ちょっと）違います。

　　　　　　　　　　　　　　　　　　　　　　妹妹：妹

※ "不太一样" だと "bù" の声調が "bú" と第2声になるので注意しましょう。
※ "跟" を同じ意味の "和 hé" に言いかえることもできます。

1 与えられた漢字の上にピンインを、
ピンインの下に漢字を書いてください。

(1)　　　　　　　(2)　　　　　　　(3)

更　　　　　　凉快　　　　　气温

(4) gōngyuán　　(5) jīròu　　　(6) jiē diànhuà

2 日本語の意味になるよう、語句を正しい順に並べ替えてください。

(1) 私はコンビニエンスストアでアルバイトをしています。

(コンビニエンスストア：便利店 biànlìdiàn)

（ 我 / 便利店 / 打工 / 在 ）。

_____

(2) 彼はゲームで遊んでいるところです。　　　（ゲーム：游戏 yóuxì）

他（ 游戏 / 玩儿 / 呢 / 在 ）。

_____

(3) 私は彼ほど忙しくありません。

我（ 忙 / 没有 / 他 / 那么 ）。

_____

(4) 中国のギョーザは日本のとちょっと違います。

中国的饺子（ 不太 / 日本的 / 一样 / 跟 ）。

_____

## 3 日本語を中国語に訳してください。

（1）これはあれより（値段が）高いです。

_____

（2）私は中国語を習っています。

_____

（3）彼は私と同い年です。　　　　　　　（同い年：一样大 yíyàng dà）

_____

（4）私たちは食事をしているところです。

_____

## 4 音声を聞いて、簡体字とピンインを書き取ってください。　　◁) B18

　　　　　　　　簡体字　　　　　　　　ピンイン

（1）_____　　　_____

（2）_____　　　_____

（3）_____　　　_____

（4）_____　　　_____

# 動詞の重ね型、非疑問用法、"就"の用法

# 想吃什么就点什么。

Xiǎng chī shénme jiù diǎn shénme.

食べたいものを何でも頼んでね。

. . . . . . . . . . . . . . . . . . . . . . . . . . . . . . . . . . . . . . . . . . . . . . . . . . . . . . . . . . . . . .

**これを学ぼう!**

- ☐ 動詞の重ね型
- ☐ 疑問詞が疑問を表さない表現（非疑問用法）
- ☐ 副詞 "就jiù" の基本用法

**これができる!**

- ☐ 動詞を2回繰り返すことで語気を和らげることができる
- ☐ 「何か」「何でも」などの表現ができる
- ☐ 副詞 "就" を使っていろいろなニュアンスを表現できる

「食べたいものを何でも頼んでね」とかっこよく言ってみたいものです。その意味を表す中国語はなかなか面白い形で、疑問詞 "什么" が2回使われます。それなのに「何?」と聞いているわけではない……。その謎は後ほど解けるので、どうぞお楽しみに!

## 🔵 ロードマップ ‖‖‖‖‖‖‖‖‖‖‖‖‖‖‖‖‖‖‖‖‖‖‖‖‖‖‖‖‖‖‖

- •「ちょっと〜する／してみる」の語気を表す動詞の重ね型と、第11課で習った
  「動詞＋ "一下"」の表現との違いを学習します。→ **1**

- • 疑問詞なのに疑問の意味を表さない場合があります。疑問詞の非疑問用法
  を学びます。→ **2**

- • よく使われる副詞 "就" の主な用法を学びます。→ **3**

## ごちそうする

久しぶりの再会に話は尽きないが、ほかのお客さんが入ってきた。

🔊 B19

Nǐmen liǎ xiān kànkan càidān.
劉：你们俩先看看菜单。

Xiǎng chī shénme jiù diǎn shénme.
想吃什么就点什么。

Jīntiān wǒ qǐngkè!
今天我请客！

Zhēn de ma?　　Nà wǒ jiù bú kèqi le.
王：真的吗？　那我就不客气了。

Éi?　　Zhēn bù hǎoyìsi.
伊藤：欸？　真不好意思。

劉：お二人は先にメニューを見ていて。

　　食べたいものを何でも頼んでね。

　　きょうは私がごちそうします！

王：本当ですか。じゃあ遠慮なくいただきます。

伊藤：えっ？ 申し訳ないですね。

**語注**

□俩 liǎ　2人、2つ　　□就 jiù　〜ならば…だ

□点 diǎn　注文する、リクエストする　　□请客 qǐngkè　おごる、招待する

□真的 zhēn de　本当だ、本当に（"真" は単独で使えず、"的" をつける必要がある）

## 1 動詞の重ね型

◁) B20

　動詞を重ねて用いることにより、「ちょっと〜する」と動作行為を気楽に行うこと、または「ちょっと〜してみる」という試みのニュアンスを表します。重ねられた後ろの動詞は軽声で発音されます。

◁) 我可以看看吗？ Wǒ kěyǐ kànkan ma?
　　ちょっと見てもいいですか。

◁) 你跟他商量商量吧。 Nǐ gēn tā shāngliangshangliang ba.
　　彼とちょっと相談してみてください。　　　　　　　　　　商量：相談する

　1 文字の動詞の重ね型の間に“一”を挟むことがあります（その場合、“一”は軽声になり、2 つ目の動詞は元の声調に戻ります）。

◁) 大家笑一笑。 Dàjiā xiào yi xiào.
　　（写真を撮るとき）みなさん、ちょっと笑ってください。　　　　笑：笑う

　「ちょっと〜した / してみた」と動作が完了したことを表す場合は、間に“了”を入れます。

◁) 他笑了笑，什么也没说。
　　Tā xiàole xiào, shénme yě méi shuō.
　　彼はちょっと笑って、何も言わなかった。

📖 メモ ..........................................................................

　　離合動詞を重ね型にするときは、前の部分だけを繰り返します。

　　我们去外边散散步吧。 Wǒmen qù wàibian sànsan bù ba.
　　ちょっと外に出て散歩しましょう。

## ② 疑問詞が疑問を表さない表現（非疑問用法）　◁))B21

　疑問詞が疑問の意味だけを表すとは限りません。同じ"什么"でも文脈によっては「何か」「何でも」などの意味を表すことがあります。以下３つのパターンをご紹介します。

- **不定の意味を表す　「何か、誰か、いつか、どこか…」**

◁)) 您有什么事吗？ Nín yǒu shénme shì ma?
　　何かご用ですか。

◁)) 我们在哪儿休息休息吧。
　　Wǒmen zài nǎr xiūxixiuxi ba.
　　どこかでちょっと休みましょう。

- **"都"や"也"と呼応して、例外がないという意味を表す**
  **「何も、誰も、いつでも、どこでも…」**

◁)) 谁也不想失败。 Shéi yě bù xiǎng shībài.
　　誰でも失敗したくありません。　　　　　　　　失败：失敗する

◁)) 我几点都没问题。 Wǒ jǐ diǎn dōu méi wèntí.
　　私は何時でも大丈夫です。

- **疑問詞の呼応用法**

　スキットに出てきた"想吃什么就点什么。"の２つの"什么"は同じものを指しています。つまり、「A が食べたいならば A を注文しなさい」、「B が食べたいならば B を注文しなさい」。

　⇨「何か」が食べたいならばその「何か」を注文しなさい」という具合で、「食べたいものを何でも注文しなさい」の意味になります。

　　"想吃　x 　就点　x 　。"

　このように、同じ疑問詞を呼応させて、「任意のすべて」の意味を表すことができます。ちょっと変わった形ですが、ネイティブがよく使う表現です。

## ❸ 副詞 "就 jiù"

B22

副詞 "就" は用法が多く使用頻度がとても高いです。ここで主な用法を 3 つご紹介します。

**(1) すぐに、じきに；(～すると) すぐ…**

短時間にある動作が行われる、または 2 つの動作が立て続けに行われることを表します。

等一下，我现在就去。 Děng yíxià, wǒ xiànzài jiù qù.
ちょっと待ってください。今すぐ行きます。

喝了咖啡就开始工作吧。
Hēle kāfēi jiù kāishǐ gōngzuò ba.
コーヒーを飲んだらすぐ仕事を始めましょう。

**(2) ～ならば…だ**

前の状況や条件を受けてその結論や結果を表します。

你饿了就先吃吧。 Nǐ èle jiù xiān chī ba.
おなかがすいたなら先に食べてください。

你去哪儿，我就跟你去哪儿。
Nǐ qù nǎr, wǒ jiù gēn nǐ qù nǎr.
どこへ行くとしても、私はあなたについて行きます。

**(3) まさしく～、ほかでもなく (日本語に訳出しにくい場合もある)**

你看，那就是北极星。 Nǐ kàn, nà jiù shì běijíxīng.
見て、あれが北極星だよ。                                北极星：北極星

这就是我最想说的。 Zhè jiù shì wǒ zuì xiǎng shuō de.
これがまさに私がいちばん言いたいことです。            最：最も、いちばん

副詞の中で、"就" の用法が最も多く、「副詞の王」と言っても過言ではありません。ここでは 3 つしか紹介できませんでしたが、ぜひ辞書などで "就" のほかの使い方をチェックしてみてください。

# ✚ もうひとがんばり！

◁)) B23

## ◆ 動詞の重ね型と「動詞＋"一下"」

　「ちょっと〜する／してみる」のニュアンスを表す動詞の重ね型と「動詞＋"一下"」は、いずれも語気を和らげる効果がある表現で、相互に言い換えられることも多いです。しかし以下のような使い分けもあるので、注意が必要です。

- "来""去" などの方向性を表す動詞は重ね型にすることはできませんが、"一下" にはそのような制限はありません。

◁)) 你来一下。 Nǐ lái yíxià.　　　✗你来来。
ちょっと来てください。

- 動詞の重ね型は、2 つ以上の動作を並べて「〜したり、〜したり」という意味を表すことができますが、"一下" にはこの用法がありません。

◁)) 看看书，上上网，时间很快就过去了。
Kànkan shū, shàngshang wǎng, shíjiān hěn kuài jiù guòqu le.
本を読んだり、ネットサーフィンをしたりで、時間がすぐにたちました。

上网：ネットサーフィンをする　过去：過ぎていく

**1** 与えられた漢字の上にピンインを、
ピンインの下に漢字を書いてください。

(1)　　　　　　　(2)　　　　　　　(3)

点　　　　　失败　　　　商量

(4) qǐngkè　　　(5) zhēn de　　　(6) shàngwǎng

**2** 日本語の意味になるよう、語句を正しい順に並べ替えてください。

(1) 私は授業が終わったらすぐアルバイトに行きます。

（授業が終わる：下课 xiàkè［離合動詞］）

我（打工 / 去 / 就 / 下了课）。

_____

(2) 私はどんな音楽でも好きです。

（音楽：音乐 yīnyuè）

我（音乐 / 喜欢 / 什么 / 都）。

_____

(3) 何でも買いたいものを買いなさい。

你（什么 / 什么 / 想买 / 买 / 就）吧。

_____

(4) ここが私の生まれた場所です。

（場所：地方 dìfang）

这里（是 / 就 / 我 / 出生的地方）。

_____

## 3 日本語を中国語に訳してください。

(1) ちょっと先生に聞いてみてください。　　　　　　　　　　(聞く：问 wèn)

_____

(2) あなたが行きたいなら行ってください。("就"と"吧"を使って)

_____

(3) ちょっと（あなたに）ご相談したいです。

_____

(4)（私たちは）どこかで食事しましょう。

_____

## 4 音声を聞いて、簡体字とピンインを書き取ってください。　　🔊B24

簡体字　　　　　　　　　　ピンイン

(1) _____　　　_____

(2) _____　　　_____

(3) _____　　　_____

(4) _____　　　_____

# 助動詞"应该"、選択疑問文、主題文

# 你想吃水饺还是煎饺？

Nǐ xiǎng chī shuǐjiǎo háishi jiānjiǎo?

水ギョーザが食べたい？　それとも焼きギョーザ？

## これを学ぼう！

- □ 「〜のはずだ」と推量の意味を表す助動詞 "应该 yīnggāi"
- □ 選択疑問文「AですかそれともBですか」
- □ 「トピック＋コメント」の形の主題文

## これができる！

- □ 「〜のはずだ」の表現ができる
- □ 「AですかそれともBですか」の聞き方ができる
- □ 目的語を前置する主題文が作れる

「店内で召し上がりますか、それともお持ち帰りですか」「お支払いは現金ですか、それともカードですか」。このような質問は日常生活においてよく聞きますよね。今回の学習でこのような表現ができるようになります。中国へ旅行に行くときにきっと役に立ちますね！

## 🏳 ロードマップ

- "应该" について、「〜するべきだ」の意味を表す用法は第8課で学びました。今回は「〜のはずだ」と推量・推測を表す用法を学習します。→ ❶

- 「AですかそれともBですか」という選択疑問文を学習します。これで基本的な疑問文のタイプをすべて習得したことになります。→ ❷

- 目的語を主語の部分に置く主題文を学習します。→ ❸

# 注文に迷う

メニューには王さんにとって懐かしい料理がたくさん並ぶ。

🔊 B25

Zhèlǐ de jiǎozi tèbié hǎochī.

**伊藤**：这里的饺子特别好吃。

Ò, duìle, nǐ yīnggāi bǐ wǒ qīngchu.

哦，对了，你应该比我清楚。

Nà dāngrán.　Nǐ xiǎng chī shuǐjiǎo háishi jiānjiǎo?

**王**：那当然。 你想吃水饺还是煎饺？

Shuǐjiǎo hé jiānjiǎo wǒ dōu xiǎng chī.

**伊藤**：水饺和煎饺我都想吃。

**伊藤**：ここのギョーザはすごくうまいんですよ。

　　　あ、そうか、王さんのほうが詳しいはずですよね。

**王**：それはもちろん。水ギョーザが食べたい？ それとも焼きギョーザ？

**伊藤**：水ギョーザと焼きギョーザ、どちらも食べたいなあ。

## 語注

□ 哦 ò　（理解や納得などを表す）おお、ああ

□ 对了 duìle　（思いつきや気づきなどを表す）そうだ

□ 应该 yīnggāi　〜のはずだ　　□ 清楚 qīngchu　はっきりしている、よく知っている

□ 当然 dāngrán　当然だ、もちろん　　□ 水饺 shuǐjiǎo　水ギョーザ

□ 还是 háishi　それとも　　□ 煎饺 jiānjiǎo　焼きギョーザ　　□ 和 hé　〜と

## **1** 助動詞 "应该 yīnggāi" 「〜のはずだ」

◁》B26

第8課で学んだ「〜するべきだ」の意味を表す "应该" ですが、「〜のはずだ」と推量・推測を表すこともあります。

◁》我觉得应该没问题。 Wǒ juéde yīnggāi méi wèntí.
問題ないはずだと思います。　　　　　　　　　　　　　　觉得：〜と思う

◁》他现在应该已经到家了。
Tā xiànzài yīnggāi yǐjīng dào jiā le.
彼は今もう家に着いているはずです。　　　　　　　　　已经：もう、すでに

◁》星期五之前应该能完成。
Xīngqīwǔ zhīqián yīnggāi néng wánchéng.
金曜日までには完成できるはずです。　　　　　　　之前：〜の前に、〜までに

"应" を省略することもあります。

◁》你女儿今年(应)该考大学了吧？
Nǐ nǚ'ér jīnnián (yīng)gāi kǎo dàxué le ba?
娘さんは今年大学受験ですよね？　　　　　　考：(試験を) 受ける、受験する

📖✎ メモ ..........................................................................................

「"该" ＋人称代詞（＋動詞）＋ "了"」の形で、「〜の番だ」の意味になります。

该我了。 Gāi wǒ le.
私の番です。

该你上场了。 Gāi nǐ shàngchǎng le.
あなたが出場する番ですよ。　　　　　　　　　　　　上场：出場する

**2** 選択疑問文　「**A** ですか、それとも **B** ですか」　◁》B27

相手に A と B の選択肢を提示して、「A ですか、それとも B ですか」とどちらかを選んでもらうときに使う疑問文です。「それとも」という意味の接続詞 "还是 háishi" を A と B の間に置くだけで選択疑問文が完成します。文末に "吗" をつけることができないので注意しましょう。

◁》您在这儿吃还是带走？Nín zài zhèr chī háishi dàizǒu?
ここで召し上がりますか、それともお持ち帰りですか。　　　　　　帯走：持ち帰る

◁》您要热咖啡还是(要)冰咖啡？
Nín yào rè kāfēi háishi (yào) bīng kāfēi?
ホットコーヒーにしますか、アイスコーヒーにしますか。

※動詞が同じ場合、後ろのほうは省略することができます。

A の前に "是" をつけて、"是 A 还是 B" と言うこともあります。

◁》您是付现金还是刷卡？Nín shì fù xiànjīn háishi shuākǎ?
お支払いは現金ですか、それともクレジットカードですか。

　　　　　　　　付现金：現金を支払う　刷卡：クレジットカードを使う

📖✎ メモ ………………………………………………………………………………………

「それとも」の意味を表す "还是" は疑問文専用で、平叙文に使うことはできません。平叙文で選択を表す場合は「あるいは、または」という意味の "或(者) huò(zhě)" を使います。

　　她想去美国或(者)加拿大留学。
　　Tā xiǎng qù Měiguó huò(zhě) Jiānádà liúxué.
　　彼女はアメリカまたはカナダへ留学したがっています。

　　　　　　　　　　　　　　　美国：アメリカ　加拿大：カナダ
　　✕她想去美国还是加拿大留学。

**3** **主題文** 🔊 B28

　動詞述語文の基本語順は「主語＋動詞＋目的語」ですが、スキットに出てきた"水饺和煎饺我都想吃。"のように、意味上の目的語である"水饺和煎饺"が主語の位置に置かれることもよくあります。その場合、"水饺和煎饺"は文の主題として立てられていて、"我都想吃"の部分はそれについて述べたコメントという構造になります。このような文を主題文と言います。

🔊 **这首歌我听过。** Zhèi shǒu gē wǒ tīngguo.
　この曲、聞いたことがあります。　　　　首：(歌などを数える量詞)〜曲　听：聞く

🔊 **香菜你能吃吗？** Xiāngcài nǐ néng chī ma?
　パクチーは食べられますか。　　　　　　　　　　　香菜：パクチー

🔊 **上海我只去过一次。** Shànghǎi wǒ zhǐ qùguo yí cì.
　上海は一度しか行ったことがありません。　　　　只：ただ〜だけ

🔊 **猫和狗我都喜欢。** Māo hé gǒu wǒ dōu xǐhuan.
　猫と犬、どちらも好きです。　　　　　　　　　　狗：犬

ここまでの学習はいかがでしょうか。例文に出てくる単語も増えて、ちょっと大変だなあと思うかもしれませんが、やはりボキャブラリーを増やすことも大事ですね。今回の「もうひとがんばり！」では、いろいろな中国料理名を覚えましょう。

# ✚ もうひとがんばり！

## ◆ 中国料理名を覚えましょう

🔊 拉面 lāmiàn
ラーメン*

🔊 炒饭 chǎofàn
チャーハン

🔊 烧卖 shāomài
シューマイ

🔊 包子 bāozi
肉まん

🔊 豆沙包 dòushābāo
あんまん

🔊 小笼包 xiǎolóngbāo
ショウロンポウ

🔊 春卷 chūnjuǎn
はるまき

🔊 担担面 dàndanmiàn
タンタンメン

🔊 麻婆豆腐 mápó dòufu
マーボー豆腐

🔊 青椒肉丝 qīngjiāo ròusī
チンジャオロース

🔊 回锅肉 huíguōròu
ホイコーロー

🔊 油淋鸡 yóulínjī
ユーリンチー

🔊 干烧虾仁 gānshāo xiārén
エビチリ

🔊 古老肉 gǔlǎoròu
酢豚

🔊 北京烤鸭 Běijīng kǎoyā
北京ダック

🔊 鱼翅汤 yúchìtāng
フカヒレスープ

🔊 杏仁豆腐 xìngrén dòufu
杏仁豆腐

🔊 芝麻球 zhīmaqiú
ごま団子

※ "拉面"は、もともと機械や包丁などを使わず、麺生地を手で細く伸ばして作った特殊なラーメンです（"拉"はもともと「引っ張る」「伸ばす」という意味です）。

1 与えられた漢字の上にピンインを、
ピンインの下に漢字を書いてください。

(1) 和　　　　　(2) 清楚　　　　　(3) 当然

(4) yīnggāi　　　(5) shuǐjiǎo　　　(6) juéde

2 日本語の意味になるよう、語句を正しい順に並べ替えてください。

(1) あなたが歌う番ですよ。
( 你 / 唱 / 该 / 了 )。

_____

(2) あなたは猫が好きですか、それとも犬が好きですか。
( 喜欢猫 / 喜欢狗 / 还是 / 你 )?

_____

(3) 北京ダックはまだ食べたことがありません。
北京烤鸭 ( 没 / 我 / 过 / 吃 / 还 )。

_____

(4) 彼は今家にいるはずです。
他 ( 应该 / 家 / 在 / 现在 )。

_____

**3** 日本語を中国語に訳してください。

(1) 酢豚は（私は）あまり好きではありません。（主題文で）

_____

(2) 彼は私の電話番号を知っているはずです。

_____

(3) あなたはラーメンを食べますか、それともチャーハンを食べますか。

_____

(4) 私は杏仁豆腐かごま団子が食べたいです。

_____

**4** 音声を聞いて、簡体字とピンインを書き取ってください。　◁》B30

　　　　　　　　　簡体字　　　　　　　　　　ピンイン

(1) _____　　_____

(2) _____　　_____

(3) _____　　_____

(4) _____　　_____

# 結果補語、全面否定の表現、感嘆文

# 啊，吃饱了。

À, chībǎo le.

あ～、おなかがいっぱい。

## これを学ぼう！

☐ 結果補語

☐ 全面否定の表現

☐ いろいろな感嘆文の作り方

## これができる！

☐ 「～し終わる」など、動作の結果を表現できる

☐ 「全然～ない」など、全面否定の表現ができる

☐ 感嘆の語気を表すことができる

結果補語の習得によって、「読み終わる」「食べ終わる」、「見間違える」「言い間違える」などいろいろなことが言えるようになります。造語力が最強と言える「動詞＋結果補語」の組み合わせをぜひマスターしてください。

## 📍 ロードマップ

• 結果補語を習得して、<u>動作のさまざまな結果を表現できる</u>ようになりましょう。➡ ❶

• <u>「全然～ない」「何もない」「1つもない」</u>など全面否定の表現を学びます。➡ ❷

• 「すごくうれしい！」「かわいいなあ！」など感嘆文の作り方を覚えて、<u>会話をもっと楽しく</u>しましょう。➡ ❸

## 食事のあと

2人はおいしいごちそうをたらふく食べて、もうおなかがいっぱい。

🔊 B31

王：
À, chībǎo le.
啊，吃饱了。

伊藤：
Wǒ yě chīchēng le.
我也吃撑了。

劉：
Zěnmeyàng?　Wèidao méi biàn ba?
怎么样？ 味道没变吧？

王：
Yìdiǎnr yě méi biàn.　Hǎo huáiniàn guòqù a!
一点儿也没变。好怀念过去啊！

王：あ〜、おなかがいっぱい。

伊藤：僕もおなかがパンパンです。

劉：どう？ 味は変わっていないでしょう？

王：全然変わっていません。懐かしいなあ！

## 語注

□ 啊 à　（感動や感心を表す）はあ、ああ

□ 吃饱 chībǎo　（動詞＋結果補語）おなかがいっぱい

□ 吃撑 chīchēng　（動詞＋結果補語）おなかがパンパンにふくれる

□ 怎么样 zěnmeyàng　どうですか、いかがですか　　□ 味道 wèidao　味

□ 变 biàn　変わる、変化する　　□ 好 hǎo　なんて〜だろう、本当に〜だなあ

□ 怀念 huáiniàn　懐かしむ　　□ 过去 guòqù　過去、昔

## 1 結果補語

B32

動詞のあとに置いて、その動作の結果を表す動詞や形容詞のことを結果補語と言います。

> **動詞 + 結果補語**
> 例: 吃 + 完 → 食べ終わる
> 说 + 错 → 言い間違える

你还没吃完吗？ Nǐ hái méi chīwán ma?
まだ食べ終わっていないの？                              完：終わる

我打错电话了。 Wǒ dǎcuò diànhuà le.                 错：間違える
電話をかけ間違えました。                    打电话：電話をかける

对不起，我来晚了。 Duìbuqǐ, wǒ láiwǎn le.
すみません、遅くなりました。                      对不起：すみません

結果補語を用いる場合、その出来事がすでに実現していることがほとんどなので、"了"を伴うことが多いです。また、否定の場合は通常"没(有)"を使います。動作の結果になり得る動詞や形容詞なら何でも結果補語になるので、結果補語はいくらでもあると言えますが、まずは日常的によく使うものを覚えましょう。（→ P.161）

📖 メモ ............................................................

「修飾語は前、補語はあと」が中国語の語順の大原則で、その語順によって意味が異なります。以下の例を比較してみましょう。

多吃 duō chī　——　吃多 chīduō
たくさん食べる　　　食べすぎる

## ② 全面否定の表現

🔊 B33

「全然～ない」「何もない」「1 つもない」など、全面的に否定することを表すには、主に以下の 3 つのパターンがあります。

⑴「"一点儿" + "都 / 也" + 否定」

🔊 我一点儿都不明白。 Wǒ yìdiǎnr dōu bù míngbai.
　私は全然分かりません。

🔊 他一点儿也不在乎。 Tā yìdiǎnr yě bú zàihu.
　彼は全く気にしていません。　　　　　　　　　　　　　　在乎：気にする

⑵「"一＋量詞＋（～）" + "都 / 也" + 否定」

🔊 我们一次都没见过面。
　Wǒmen yí cì dōu méi jiànguo miàn.
　私たちは一度も会ったことがありません。

🔊 开车的人一口酒也不能喝。
　Kāichē de rén yì kǒu jiǔ yě bù néng hē.
　車を運転する人はお酒をひと口も飲んではいけません。

⑶「疑問詞 + "都 / 也" + 否定」

🔊 我什么都不知道。 Wǒ shénme dōu bù zhīdào.
　私は何も知りません。

🔊 今天太热，我哪儿也不想去。
　Jīntiān tài rè, wǒ nǎr yě bù xiǎng qù.
　きょうは暑すぎて、どこにも行きたくありません。

　逆に、「疑問詞＋"都"＋肯定」の形にすると、全面的に肯定する意味になります（肯定の場合、"都" を使うのが一般的です）。

🔊 我不挑食，什么都爱吃。
　Wǒ bù tiāoshí, shénme dōu ài chī.
　私は好き嫌いがなく、何でも好きです。　　　　挑食：食べ物に好き嫌いがある

## ③ 感嘆文

◁)) B34

　感嘆文では、よく"真 (本当に)""好 (なんと)""多 (なんと)""这么 (こんなにも)"などのことばを用いて強い感情を表します。文末にはしばしば感嘆を表す語気助詞"啊"などが加えられます。また、"太〜了 (ものすごく〜)"という形の感嘆文もよく使われます。

◁) 真好吃！Zhēn hǎochī!
本当においしいね！

◁) 好厉害啊！Hǎo lìhai a!
なんとすごいんだろう！/ すごい！　　　　　厉害：(程度が甚だしいことを表す) すごい

◁) 多可爱啊！Duō kě'ài a!
なんとかわいいんだろう！/ かわいい！

◁) 这么贵啊！Zhème guì a!
こんなに (値段が) 高いんだ！

◁) 太便宜了！Tài piányi le!
ものすごく安いね！　　　　　　　　　　　　　　　便宜：安い

 メモ ..........................................................................

　"啊"は直前の音節の影響を受けて、発音が変化することがあり、それに応じて漢字表記も変化することがあります。例えば、前の音節が"i"などで終わる場合、"a"の発音は"ya"になり、漢字表記もあわせて"呀 ya"となることがあります。ただし、これは厳密なルールではなく、"这么便宜啊！"と"这么便宜呀！"のどちらでも問題ありません。

✚ **もうひとがんばり！**　◁》B35

## ◆ よく使われる結果補語を覚えましょう

- **"成 chéng"**　～になる
  - ◁》翻译成日语 fānyìchéng Rìyǔ　日本語に訳す
  - ◁》换成日元 huànchéng rìyuán　日本円に両替する

- **"到 dào"**　ある場所に到達する、ある目的を達成する
  - ◁》走到车站 zǒudào chēzhàn　駅まで歩く
  - ◁》拿到金牌 nádào jīnpái　金メダルを手に入れる

- **"懂 dǒng"**　分かる、理解する
  - ◁》看懂 kàndǒng　見て分かる、読める
  - ◁》听懂 tīngdǒng　聞いて分かる、聞き取れる

- **"多 duō"**　～すぎる
  - ◁》吃多 chīduō　食べすぎる　　◁》喝多 hēduō　飲みすぎる

- **"好 hǎo"**　動作の完成を表す
  - ◁》做好 zuòhǎo　できあがる
  - ◁》准备好 zhǔnbèihǎo　ちゃんと準備する

- **"见 jiàn"**　知覚することを表す
  - ◁》看见 kànjiàn　見える　　◁》听见 tīngjiàn　聞こえる

- **"住 zhù"**　安定・固定を表す
  - ◁》记住 jìzhù　覚える　　◁》站住 zhànzhù　立ち止まる

**1** 与えられた漢字の上にピンインを、
ピンインの下に漢字を書いてください。

(1)
変

(2)
味道

(3)
便宜

(4) chībǎo

(5) huáiniàn

(6) lìhai

**2** 日本語の意味になるよう、語句を正しい順に並べ替えてください。

(1) すみません、言い間違えました。
对不起,（ 错 / 说 / 我 / 了 ）。

_____

(2) 父はまた飲みすぎました。　　　　　　　　　　　　　（また：又 yòu）
爸爸（ 多 / 喝 / 又 / 了 ）。

_____

(3) 彼は1分も休んでいません。
他（ 也 / 休息 / 没 / 一分钟 ）。

_____

(4) なんてかわいい子猫だろう！
（ 可爱 / 多 / 的 / 小猫 ）啊！

_____

## ３ 日本語を中国語に訳してください。

(1) すみません、聞いて分かりませんでした。

_____

(2) あなたは全然緊張しないのですか。 （緊張する：紧张 jǐnzhāng）

_____

(3) 私は今何も食べたくありません。 （今：现在 xiànzài）

_____

(4) こんなに値段が高いのですか！ （値段が高い：贵 guì）

_____

## ４ 音声を聞いて、簡体字とピンインを書き取ってください。　◁)) B36

| | 簡体字 | ピンイン |
|---|---|---|
| (1) | _____ | _____ |
| (2) | _____ | _____ |
| (3) | _____ | _____ |
| (4) | _____ | _____ |

# 「もうすぐ〜」、単純方向補語、「もし〜ならば…」

# 我得回去了。
Wǒ děi huíqu le.

もう帰らなくっちゃ。

### これを学ぼう！

- □ 「もうすぐ〜」の表現 "快〜了" など
- □ 単純方向補語
- □ 「もし〜ならば…」の表現 "要是〜就…" など

### これができる！

- □ もうすぐ起きることについての表現ができる
- □ 「〜ていく」「〜てくる」などの表現ができる
- □ 仮定の話をすることができる

学習が進むにつれてだんだん難しくなってきましたね。今回もさまざまな文法項目を学びます。表現の幅がどんどん広がりますので、楽しみながら学習を続けてください！

### 📍 ロードマップ

- これからまもなく起きることについて言うときに使う「もうすぐ〜」「まもなく〜」の表現を学びます。➡ ❶
- 動詞のあとにつけて動作の方向を表す方向補語を学びます。今回はまず1文字の「単純方向補語」を学びます。➡ ❷
- 「もし〜ならば…」と仮定の意味を表す構文を学習します。➡ ❸

# おいとまする

閉店後もみんな時間を忘れて楽しく懐かしい話をした。気づけばもうそろそろ終電の時間。

🔊 B37

Āiyā, kuài méi diànchē le!　　　Wǒ děi huíqu le.

王：哎呀，快没电车了！　我得回去了。

Xiǎoxīn diǎnr a.

劉：小心点儿啊。

Yàoshi méi diànchē le, nǐ jiù huílai ba.

要是没电车了，你就回来吧。

Dǎrǎo nǐmen zhème jiǔ, zhēn bù hǎoyìsi.

王：打扰你们这么久，真不好意思。

Búyòng kèqi, zhèr jiù shì nǐ de jiā.

劉：不用客气，这儿就是你的家。

王：あら、もうすぐ終電がなくなります！　もう帰らなくっちゃ。

劉：気をつけてね。もし電車がなくなったら帰ってきてね。

王：こんなに長い時間お邪魔して、本当にすみません。

劉：遠慮しなくていいのよ。ここがあなたの家よ。

## 語注

□ 哎呀 āiyā　（驚きや意外などを表す）あら、まあ

□ 快～了 kuài～le　もうすぐ～、まもなく～

□ 回去 huíqu　（動詞＋方向補語）帰っていく、戻っていく

□ 小心 xiǎoxīn　気をつける

□ 点儿 diǎnr　（"一点儿"の"一"が省略された形）少し

□ 要是～就… yàoshi～jiù…　もし～ならば…

□ 回来 huílai　（動詞＋方向補語）帰ってくる、戻ってくる

□ 打扰 dǎrǎo　邪魔をする　　□ 久 jiǔ　時間が長い、久しい

165

## ① 「もうすぐ〜」の表現

📢B38

"快 kuài" "快要 kuàiyào" "要 yào" "就要 jiù yào" はいずれも「もうすぐ」「まもなく」の意味です。これらの語句が文末の "了" とセットで、「もうすぐ〜する／〜になる」という意味を表します。

📢 晩饭快做好了。 Wǎnfàn kuài zuòhǎo le.
晩ごはんがもうすぐできますよ。 晩饭：晩ごはん

📢 电影快要开始了。 Diànyǐng kuàiyào kāishǐ le.
映画がもうすぐ始まります。

📢 要下雨了。 Yào xià yǔ le.
もうすぐ雨が降ります。 下雨：雨が降る

📢 我们就要结婚了。 Wǒmen jiù yào jiéhūn le.
私たちはもうすぐ結婚します。

この 4 つの表現は意味が同じで、相互に言い換えられることも多いです（以上の例文はいずれも互いに言い換えられます）。しかし、以下の場合は要注意です。

・"快〜了"

「〜」の部分には、動詞（フレーズ）だけでなく、名詞性の語句を入れることもできます。

📢 快十二点了。 Kuài shí'èr diǎn le.
もうすぐ 12 時です。 ※ "要十二点了。" などとは言えません。

・"就要〜了"

前に具体的な時間を表す語句が現れた場合、通常 "就要〜了" の形で表現します。

📢 明天就要开学了。 Míngtiān jiù yào kāixué le.
もうあしたには学校が始まります。 开学：学校が始まる、始業する
※ "明天快开学了。" などとは言えません。

## ② 単純方向補語

◁) B39

動詞のあとに置いて、動作の移動方向を表す語を方向補語と呼びます。方向補語には、1文字の「単純方向補語」と、それらが組み合わさった2文字の「複合方向補語」の2種類があります。ここではまず単純方向補語を学びます。

> **a グループ** "来 lái" 来る、"去 qù" 行く
>
> **b グループ**
> "上 shàng" 上がる、"下 xià" 下りる、"进 jìn" 入る、"出 chū" 出る
> "回 huí" 戻る、"过 guò" 過ぎる、"起 qǐ" 起き上がる

最もよく方向補語として使われる動詞は a グループの"来"と"去"で、ほかの動詞の後ろにつけて「〜てくる」「〜ていく」という意味を表します。その場合、"来"と"去"は軽声で発音されます。

◁) 老师进来了。 Lǎoshī jìnlai le.
先生が入ってきました。

◁) 他刚才出去了。 Tā gāngcái chūqu le.
彼はさっき出かけていきました。　　　　　　　　刚才：さっき

◁) 她借来很多书。 Tā jièlai hěn duō shū.
彼女は本をたくさん借りてきました。　　　　　　借：借りる

b グループの動詞が方向補語として使われる例も見てみましょう。

◁) 选手们走进了会场。 Xuǎnshǒumen zǒujìnle huìchǎng.
選手たちは会場に入りました (= 歩いて入った)。　　选手：選手　会场：会場

◁) 他从书架上拿出一本书。
Tā cóng shūjià shang náchū yì běn shū.
彼は本棚から1冊の本を取り出しました。　　书架：本棚　拿：手に取る、持つ

167

## ❸ 「もし〜ならば…」の表現

スキットに出てきた"要是没电车了，你就回来吧。（もし電車がなくなったら帰ってきてね）"のように、「もし〜ならば…」と仮定を表すには、"要是〜就…"のセットを使います。"要是"のかわりに、"如果rúguǒ"もよく使われます。

你要是有事，就先回去吧。
Nǐ yàoshi yǒushì, jiù xiān huíqu ba.
もし用事があるなら先に帰ってください。

要是一天有三十个小时就好了。
Yàoshi yì tiān yǒu sānshí ge xiǎoshí jiù hǎo le.
1日に30時間があればいいのになあ。

如果有时间我就去。 Rúguǒ yǒu shíjiān wǒ jiù qù.
時間があれば行きます。

主語は文の前半にも後半にも置くことがありますが、後半に置く場合は"就"の前でなければなりませんので注意が必要です。なお、文の長さやバランスによって、間の"，"をつけないこともあります。

"要是 / 如果〜的话，就…"の形で表現することもあります。

你要是不想去的话，就不用去。
Nǐ yàoshi bù xiǎng qù dehuà, jiù búyòng qù.
もし行きたくなければ、行かなくてもいいですよ。

📖✐ メモ

"要是 / 如果""的话"と"就"のどちらかを省略しても仮定を表すことができます。

早点儿来就好了。 Zǎo diǎnr lái jiù hǎo le.
もう少し早く来ればよかった。

# ✚ もうひとがんばり！

◁》B41

## ◆ 複文

　　"要是 / 如果〜，就…"のような、意味関係がある 2 つ以上の文を組み合わせたものを複文と言います。前後の文を連結したうえで意味関係を明らかにするために、さまざまな接続詞や副詞を用います。2 単語がセットで使われるほか、どちらかを省略することもあります。

- **因果関係："因为〜，所以…"「〜なので、…」**

◁》因为我今天开车，所以不能喝酒。
　Yīnwei wǒ jīntiān kāichē, suǒyǐ bù néng hē jiǔ.
　私はきょう運転するので、お酒を飲めません。

- **逆接関係："虽然〜，但是 / 可是…"「〜だけれども、…」**

◁》虽然输了，可是我不后悔。
　Suīrán shū le, kěshì wǒ bú hòuhuǐ.
　　負けてしまいましたが、後悔はしていません。　输：負ける　后悔：後悔する

- **累加関係："不但〜，而且…"「〜だけでなく、…」**

◁》抽烟不但影响健康，而且要花很多钱。
　Chōuyān búdàn yǐngxiǎng jiànkāng, érqiě yào huā hěn duō qián.
　　たばこを吸うのは健康に影響するだけでなく、お金もたくさんかかります。
　　　　　　　　　　　　　　　　影响：影響する　花：(お金や時間が) かかる

　　上にご紹介したもの以外にも、複文の種類はたくさんあります。焦らずに少しずつ覚えていきましょう。

1 与えられた漢字の上にピンインを、
　ピンインの下に漢字を書いてください。

(1)

久

(2)

小心

(3)

下雨

(4) dǎrǎo

(5) wǎnfàn

(6) gāngcái

2 日本語の意味になるよう、語句を正しい順に並べ替えてください。

(1) 彼女はもう帰っていきました。

她（ 去 / 回 / 已经 / 了 ）。

_____

(2) 彼は1本のワインを取り出しました。　　　　　（ワイン：葡萄酒 pútaojiǔ）

他（ 葡萄酒 / 一瓶 / 拿出 / 了 ）。

_____

(3) 桜がもうすぐ咲きそうです。

（ 快要 / 开 / 樱花 / 了 ）。

_____

(4) 食べたくなければもう食べなくてもいいですよ。

你（ 要是 / 就 / 不想吃 / 别吃了 ）。

_____

**3** 日本語を中国語に訳してください。

(1) どうぞ入ってきてください。

_____

(2) もうすぐ週末です。(“快”を使って) (週末：周末 zhōumò)

_____

(3) 私の娘はもう来年には大学受験をします。 (大学受験：考大学 kǎo dàxué)

_____

(4) もし安かったら買います。

_____

**4** 音声を聞いて、簡体字とピンインを書き取ってください。 ◁))B42

簡体字 ピンイン

(1) _____ _____

(2) _____ _____

(3) _____ _____

(4) _____ _____

# 複合方向補語・方向補語の派生義

# 昨天赶上电车了吗?

Zuótiān gǎnshàng diànchē le ma?

きのう電車に間に合いましたか。

................................................................

## これを学ぼう！

☐ 複合方向補語
☐ 方向補語と目的語の位置
☐ 方向補語の派生義

## これができる！

☐ 「歩いて入ってくる」のような表現ができる
☐ 複合方向補語と目的語の語順が分かる
☐ 方向補語から派生したさまざまな意味を理解できる

> 方向補語の使い方、少しは慣れましたか。今回は複合方向補語と目的語の
> 位置など、いろいろな決まりを覚えていきましょう。会話によく出てくるも
> のばかりです。たくさん覚えて、どんどん活用しましょう！

## 🅿 ロードマップ ‖‖‖‖‖‖‖‖‖‖‖‖‖‖‖‖‖‖‖‖‖‖‖‖‖‖‖‖‖‖‖‖‖‖‖‖‖‖‖‖‖‖‖‖‖‖‖‖‖‖‖‖‖‖‖

- "走进来 (歩いて入ってくる)" のように、動詞の後ろに2文字の方向補語がつく形を学びます。➡ ❶

- 目的語の種類によって、方向補語 "来／去" との位置が変わることがあります。その変化のパターンを確認します。➡ ❷

- 方向補語のいろいろな派生義を見ていきます。➡ ❸

今回のシチュエーション

# 昨夜の話をする

翌日、会社の休憩時間に伊藤さんと王さんが話している。

🔊 B43

Zuótiān gǎnshàng diànchē le ma?

**伊藤**：昨天赶上电车了吗？

Gǎnshàng le, kě wǒ zài diànchē li shuìguòle yí zhàn.

**王**：赶上了，可我在电车里睡过了一站。

Jiéguǒ háishi dǎchē huíqu de ma?

**伊藤**：结果还是打车回去的吗？

Wǒ zǒuhuíqu de.

**王**：我走回去的。

**伊藤**：きのう電車に間に合いましたか。

**王**：間に合ったけど、電車の中で1駅寝過ごしてしまったの。

**伊藤**：結局タクシーで帰ったんですか。

**王**：歩いて帰ったわ。

## 語注

□ 赶上 gǎnshàng （動詞＋方向補語）間に合う

□ 可 kě （"可是"の"是"が省略された形）しかし

□ 睡过 shuìguò （動詞＋方向補語）寝過ごす　　□ 站 zhàn　駅

□ 结果 jiéguǒ　結局　　□ 还是 háishi　やはり

□ 打车 dǎchē　タクシーを利用する

## 1 複合方向補語

🔊 B44

　第19課で習った単純方向補語になる動詞は、aグループとbグループに分類されていました。これらの動詞を「b＋a」の語順で組み合わせると、2文字の複合方向補語になり、ほかの動詞のあとにつけることができます。

| b<br>a | 上<br>[上がる] | 下<br>[下りる] | 进<br>[入る] | 出<br>[出る] | 回<br>[戻る] | 过<br>[過ぎる] | 起<br>[起きる] |
|---|---|---|---|---|---|---|---|
| 来<br>[来る] | 上来<br>[上がってくる] | 下来<br>[下りてくる] | 进来<br>[入ってくる] | 出来<br>[出てくる] | 回来<br>[戻ってくる] | 过来<br>[過ぎてくる] | 起来<br>[起き上がる] |
| 去<br>[行く] | 上去<br>[上がっていく] | 下去<br>[下りていく] | 进去<br>[入っていく] | 出去<br>[出ていく] | 回去<br>[戻っていく] | 过去<br>[過ぎていく] | なし |

🔊 老师走进来了。 Lǎoshī zǒujìnlai le.
先生が歩いて入ってきました。

🔊 他刚才跑出去了。 Tā gāngcái pǎochūqu le.
彼はさっき走って出ていきました。

🔊 垃圾请带回去。 Lājī qǐng dàihuíqu.
ゴミはお持ち帰りください。　　　　　　　　　　垃圾：ゴミ　帯：持つ、携帯する

🔊 他高兴得跳起来了。 Tā gāoxìngde tiàoqǐlai le.
彼はうれしくて跳び上がりました。　　　　　　　　　　　　　　　跳：跳ぶ

174

## ② 方向補語と目的語の位置

🔊 B45

目的語の種類によって、その置かれる位置が変わります。

**⑴ 場所を表す目的語は"来 / 去"の前に置きます。**

🔊 老师走进教室来了。 Lǎoshī zǒujìn jiàoshì lai le.
先生が教室に歩いて入ってきました。

🔊 垃圾请带回家去。 Lājī qǐng dàihuí jiā qu.
ゴミはおうちへお持ち帰りください。

**⑵ 人や物を表す目的語は、動作が完了したか否かによって以下の2つのタイプがあります。**

**・動作が完了した場合：目的語は"来 / 去"の前後ともに可**

🔊 爸爸买回来了一个大西瓜。
Bàba mǎihuílaile yí ge dà xīgua.

🔊 爸爸买回了一个大西瓜来。
Bàba mǎihuíle yí ge dà xīgua lai.
父は大きなすいかを1つ買って帰ってきました。

**・動作が未完了の場合：目的語は"来 / 去"の前に置く**

🔊 你抬起头来吧。 Nǐ táiqǐ tóu lai ba.
頭を上げてください。　　　　　　　　　　　　　　　抬：上げる　头：頭

🔊 请拿出护照来。 Qǐng náchū hùzhào lai.
パスポートを出してください。　　　　　　　　　　　　　护照：パスポート

📖✏️ **メモ** ..........................................................................

　複合方向補語と目的語の位置関係がとても複雑に感じるかもしれませんが、まとめると、どのような目的語であろうと、"来 / 去"の前に置けば間違いないですね。

## ③ 方向補語の派生義

◁》B46

　方向補語には、本来の方向の意味から派生して抽象的な意味を表すものもあります。まずよく使う単純方向補語"上"と"下"の派生義を覚えましょう。

・〜上

(1) 合わさる、付着することを表す

◁》关上门 guānshàng mén
ドアを閉める

◁》戴上口罩 dàishàng kǒuzhào
マスクをする

(2) 到達、達成を表す

◁》考上大学 kǎoshàng dàxué
大学に受かる

◁》赶上电车 gǎnshàng diànchē
電車に間に合う

(3) 動作・状態が開始して継続していることを表す

◁》喜欢上她 xǐhuanshàng tā
彼女を好きになる

◁》迷上游戏 míshàng yóuxì
ゲームにハマる

・〜下

(1) 離脱を表す

◁》脱下鞋 tuōxià xié
靴を脱ぐ

◁》摘下帽子 zhāixià màozi
帽子を取る

(2) 定着・残存を表す

◁》写下 xiěxià
書きつける

◁》停下车 tíngxià chē
車を止める

(3) 収納を表す

◁》放下 fàngxià
置く

◁》装下 zhuāngxià
入れる

# ✚ もうひとがんばり！

## ◆ 複合方向補語の派生義

複合方向補語にも派生義を持つものがいろいろあります。それぞれ1つの慣用句として丸ごと覚えましょう。

- **－起来**

### (1) 動作・状況の開始を表す (〜し出す)

🔊 笑起来 xiàoqǐlai　笑い出す

🔊 热起来 rèqǐlai　　暑くなってくる

### (2) 試行を表す (〜してみる)

🔊 说起来容易，做起来难
shuōqǐlai róngyì, zuòqǐlai nán
言うは易く、行うは難し

### (3) まとまる、収束を表す

🔊 加起来 jiāqǐlai　合計する

🔊 收拾起来 shōushiqǐlai　（散らかったものを）片付ける

- **－下来**　完成・残存を表す

🔊 留下来 liúxiàlai　留まる

🔊 保存下来 bǎocúnxiàlai　保存しておく

- **－下去**　継続を表す (〜し続ける)

🔊 说下去 shuōxiàqu　　話し続ける

🔊 学下去 xuéxiàqu　　　学び続ける

- **－出来**　出現、判別できることを表す

🔊 想出来 xiǎngchūlai　思いつく

🔊 看出来 kànchūlai　　見抜く、見通す

**1** 与えられた漢字の上にピンインを、
ピンインの下に漢字を書いてください。

(1)

可

(2)

结果

(3)

护照

(4) zhàn

(5) dǎchē

(6) lājī

**2** 日本語の意味になるよう、語句を正しい順に並べ替えてください。

(1) 彼女はもう家に帰っていきました。

她 ( 去 / 回 / 已经 / 了 / 家 )。

(2) ワインは買ってきましたか。

葡萄酒 ( 回 / 来 / 了 / 买 / 吗 )?

(3) 紙を 1 枚出してください。

( 拿 / 出 / 请 / 一张纸 / 来 )。

(4) 出かけるときはマスクをしなければいけません。

( 口罩 / 要 / 戴上 / 出去 / 时候 / 的 )。

## ③ 日本語を中国語に訳してください。

（1）彼は走って上がってきました。

_____

（2）彼女はもう日本に帰ってきました。　　　　　　　　　　（もう：已经 yǐjīng）

_____

（3）私は彼のことが好きになりました。

_____

（4）私たちはみな笑い出しました。　　　　　　　　　　　　（笑う：笑 xiào）

_____

## ④ 音声を聞いて、簡体字とピンインを書き取ってください。　　🔊 B48

　　　　　　　　簡体字　　　　　　　　　　　　　ピンイン

（1）_____　　　_____

（2）_____　　　_____

（3）_____　　　_____

（4）_____　　　_____

# "着"、受け身文、"怎么"

# 我被上司批评了。

Wǒ bèi shàngsi pīpíng le.

上司に怒られました。

## これを学ぼう！

- ☐ 状態の持続を表す助詞 "着zhe"
- ☐ 受け身文の作り方
- ☐ "怎么zěnme" に関連する表現

## これができる！

- ☐ 「ドアが開いている」のような状態の持続を表現できる
- ☐ 「AはBに〜される」のような受け身の表現ができる
- ☐ 「どうして」「どのように」などの表現ができる

「走っている」と「座っている」、この2つの表現はどこが違うのでしょう？「動詞が違うに決まっているじゃないか！」と思いますよね。はい、動詞が違うのはもちろん正解ですが、「〜ている」の部分にも注目してほしいです。実は日本語では同じ「〜ている」でも、中国語ではそれぞれ違う表現になるのです。

## 🔵 ロードマップ ‖‖‖‖‖‖‖‖‖‖‖‖‖‖‖‖‖‖‖‖‖‖‖

- 「〜している」と動作の進行を表す副詞 "在" は第15課で習いましたが、今回は状態の持続を表す助詞 "着" を学びます。→ ❶
- 「AはBに〜される」のような受け身の表現を学びます。→ ❷
- 「どうして」「どのように」など、"怎么" に関連する表現を学習します。→ ❸

## 元気がないときもある

伊藤さんは遅くまで残業してやっと仕事を終わらせ、きょうも「回家」に向かったが、もう
閉店間際だ。

🔊 B49

Wǎnshang hǎo, hái méi guānmén ma?
伊藤：晚上好，还没关门吗？

Méiyou, hái kāizhe ne.
劉：没有，还开着呢。

Éi? Jīntiān hǎoxiàng méi jīngshen a. Zěnme le?
欸？今天好像没精神啊。怎么了？

Wǒ bèi shàngsi pīpíng le.
伊藤：我被上司批评了。

伊藤：こんばんは。まだ閉まっていないかな？

劉：ええ、まだやっているよ。

あれ？ きょうは元気がないみたいね。どうしたの？

伊藤：上司に怒られました。

### 語注

□ 关门 guānmén　扉を閉める、閉店する　　□ 开 kāi　開ける、開く

□ 着 zhe　（状態の持続を表す）〜ている、〜てある

□ 好像 hǎoxiàng　〜のようだ、〜みたいだ　　□ 精神 jīngshen　元気

□ 怎么 zěnme　どうして；どう、どのように

□ 被 bèi　（受け身を表す）〜される

□ 上司 shàngsi　上司　　□ 批评 pīpíng　叱る、怒る

## この課のポイント

### 1 状態の持続を表す助詞“着 zhe”

B50

動詞の前につけて動作の進行を表す副詞“在”はすでに習いました。今回は、動詞のあとにつけて、状態の持続を表す助詞“着”を学びます。「動作の進行」と「状態の持続」の違いがちょっと分かりにくいので、まず以下の例文を比較してみましょう。

**動作の進行：**

爸爸在系领带。 Bàba zài jì lǐngdài. 系：締める 领带：ネクタイ
父はネクタイをつけているところです。（「つける」という動作が進行中）

**状態の持続：**

爸爸系着领带。 Bàba jìzhe lǐngdài.
父はネクタイをしています。（「つけている」状態が持続中）

「“在”＋動詞」はある動作が進んでいる最中であることを表すのに対し、「動詞＋“着”」はある動作の結果としての状態が持続していることを表す、という違いはお分かりでしょうか。状態の持続を表す例文をもう少し確認してみましょう。

我带着伞呢。 Wǒ dàizhe sǎn ne.
私は傘を持っています。

桌子上放着很多东西。
Zhuōzi shang fàngzhe hěn duō dōngxi.
机の上にたくさんのものが置いてあります。 放：置く 东西：もの

以下の例は「動詞１＋“着”＋動詞２」の形で、動詞１の状態で動詞２を行うことを表します。

走着回去吧。 Zǒuzhe huíqu ba.
歩いて帰りましょう。

　動詞1に目的語を伴う場合は、「動詞1＋"着"＋目的語＋動詞2」の語順になります。ここでの目的語は"伞"です。

🔊 你最好带着伞出去。 Nǐ zuìhǎo dàizhe sǎn chūqu.
　　傘を持っていったほうがいいですよ。　　　　　　　　　　最好：〜のほうがいい

**2** **受け身文**　　　　　　　　　　　　　　　🔊 B51

　「AはBに〜される」という受け身表現は次のようになります。

> ## A ＋ 被 bèi ＋ B〜
> AはBに〜される

🔊 我被女朋友甩了。 Wǒ bèi nǚpéngyou shuǎi le.
　　彼女に振られてしまいました。　　　　　　　　　　　　　甩：振る

🔊 姐姐的布丁被弟弟吃了。
　　Jiějie de bùdīng bèi dìdi chī le.
　　姉のプリンが弟に食べられてしまいました。　　　布丁：プリン　弟弟：弟

　"被"のかわりに、"叫 jiào"や"让 ràng"を用いることがあります。"叫"と"让"は主に話しことばで使われます。

🔊 我不想让别人同情。
　　Wǒ bù xiǎng ràng biéren tóngqíng.
　　私のは他人に同情されたくありません。　　　　　　　別人：他人

　メモ ⋯⋯⋯⋯⋯⋯⋯⋯⋯⋯⋯⋯⋯⋯⋯⋯⋯⋯⋯⋯⋯⋯

　　助動詞が用いられる場合、"被／让／叫"の前に置かなければなりません。

**3** **"怎么 zěnme" に関連する表現** ◁)) B52

　"怎么样（どうですか）"や、今回出てきた"怎么了（どうしたのですか）"など、"怎么"に関連する表現は日常会話でよく出てきます。ここでは"怎么"の基本用法を確認しましょう。

(1) **理由を尋ねる　「なんで、どうして」**

◁) 怎么这么贵？ Zěnme zhème guì?
　　どうしてこんなに高いんですか。

◁) 他怎么还不来？ Tā zěnme hái bù lái?
　　彼はなんでまだ来ないのだろう。

(2) **方法を尋ねる　「どうやって、どのように」**

◁) 怎么办？ Zěnme bàn?
　　どうしよう。　　　　　　　　　　　　　　　　　　　　　办：行う、する

◁) 用中文怎么说？ Yòng Zhōngwén zěnme shuō?
　　中国語で何と言いますか。　　　　　　　　　　　　　　用：使う、用いる、～で

◁) 到地铁站怎么走？ Dào dìtiě zhàn zěnme zǒu?
　　地下鉄の駅へはどうやって行くのですか。　　　　　　　到：～まで、～へ

 **メモ** ⋯⋯⋯⋯⋯⋯⋯⋯⋯⋯⋯⋯⋯⋯⋯⋯⋯⋯⋯⋯⋯⋯⋯⋯⋯⋯⋯⋯⋯

　　"不怎么～"の形で、「それほど～ない、あまり～ない」の意味を表します。

　　我不怎么爱吃甜的东西。 Wǒ bù zěnme ài chī tián de dōngxi.
　　私は甘いものがあまり好きではありません。

今回もたくさんの重要文法と表現を学びましたね。学習が進むにつれて、覚えなければならないこともどんどん増えて嫌になることもあるでしょう。そういうときは、中国語の歌を聞いたり、映画やドラマを見たりしてモチベーションを高めましょう。

## ✚ もうひとがんばり！　◁》B53

### ◆ 2つの「どうして」"怎么"と"为什么"

　「なんで」「どうして」という意味の疑問表現には、今回習った"怎么"のほかに、"为什么 wèi shénme"というものもあります。両方は言い換えられることもありますが、それぞれ特徴を持っています。一般的に、"为什么"は相手に原因・理由を求める聞き方で、"怎么"は求めない場合があります。

◁》你为什么学习中文？
Nǐ wèi shénme xuéxí Zhōngwén?
あなたはどうして中国語を勉強するのですか。　　　　　学习：勉強する

　　── 因为我喜欢中国电影。
　　　　Yīnwei wǒ xǐhuan Zhōngguó diànyǐng.
　　　　中国映画が好きだからです。

◁》你怎么不听话？ Nǐ zěnme bù tīnghuà?
（子供に対して）なんで言うことを聞かないの？　　　听话：言うことを聞く

◁》今天怎么这么热？ Jīntiān zěnme zhème rè?
　きょうはなんでこんなに暑いんだろう。

　以上の例文で分かるように、"怎么"は本当に理由や原因を聞きたいのではなく、ただ不満や意外の語気を表すだけの場合があります。

**1** 与えられた漢字の上にピンインを、
ピンインの下に漢字を書いてください。

(1) 被　　　　(2) 好像　　　　(3) 批评

(4) guānmén　　(5) dōngxi　　(6) yīnwei

**2** 日本語の意味になるよう、語句を正しい順に並べ替えてください。

(1) ドアが開いています。　　　　　　　　　　　　（ドア：门 mén）
（ 开 / 门 / 着 / 呢 ）。

―――――――――――――――――――――――――――

(2) 僕は父に怒られました。
我（ 爸爸 / 批评 / 被 / 了 ）。

―――――――――――――――――――――――――――

(3) みんなマスクをしています。
大家（ 口罩 / 戴 / 着 / 都 ）。

―――――――――――――――――――――――――――

(4) 彼女はなんであんなにかわいいんだろう。
（ 可爱 / 那么 / 怎么 / 她 ）?

―――――――――――――――――――――――――――

## 3 日本語を中国語に訳してください。

(1)（私たちは）座って話しましょう。　　　　　　　　（座る：坐 zuò）

　　_____

(2) 私の傘は彼に借りていかれました。　　　　　　　　（傘：伞 sǎn）

　　_____

(3) チンジャオロースはどうやって作るのですか。

　　_____

(4) あなたはネクタイをつけて行くべきです。（"应该"を使って）

　　_____

## 4 音声を聞いて、簡体字とピンインを書き取ってください。　　◁》B54

| | 簡体字 | ピンイン |
|---|---|---|
| (1) | | |
| (2) | | |
| (3) | | |
| (4) | | |

# 使役文、「どのくらい〜」、可能性を表す"会"

# 不管多累，喝一杯就会好的。

Bùguǎn duō lèi, hē yì bēi jiù huì hǎo de.

どんなに疲れていても、1杯飲めば治る。

## これを学ぼう！

☐ 使役文の作り方
☐ "多"＋形容詞 「どのくらい〜」の表現
☐ 可能性を表す助動詞"会 huì"の用法

## これができる！

☐ 「AはBに〜させる」などの表現ができる
☐ 「どのくらい〜」と程度を尋ねることができる
☐ 「〜だろう」「〜のはずだ」のような表現ができる

外国語の学習は一朝一夕では成就できません。マラソンのように、自分のペースで一歩一歩着実に前進するのみです。前に習った内容を復習しながら、ゆっくりでかまいません。中断せずに進めばきっとゴールにたどり着きます。"加油！你一定会成功的！"

## 🔘 ロードマップ ||||||||||||||||||||||||||||||||||||||||||||||||||||||||||||||||||||||||

- 「AはBに〜させる」のような**使役文**を学びます。 ➡ **①**
- 「"多"＋形容詞」の形で「**どのくらい〜**」の意味を表す表現を学びます。 ➡ **②**
- 助動詞**"会"**の可能性を表す用法を学びます。 ➡ **③**

今回のシチュエーション

# 閉店後の１杯

ほかのお客さんはもういなくなり、李さんは自家製の薬膳酒を出して、伊藤さんについだ。

🔊 B55

Dàhuī míngtiān yào shàngbān, nǐ bié ràng tā hē le.
劉：大辉明天要上班，你别让他喝了。

Zhè shì wǒ pào de jiànkāngjiǔ,
李：这是我泡的健康酒，

bùguǎn duō lèi, hē yì bēi jiù huì hǎo de.
不管多累，喝一杯就会好的。

Zhème wǎn, gěi nǐmen tiān máfan le.
伊藤：这么晚，给你们添麻烦了。

Zhēn bù hǎoyìsi.
真不好意思。

劉：大輝くんはあした仕事なんだから、飲ませないで。

李：これは俺が造った健康酒だ。

　　どんなに疲れていても、１杯飲めば治る。

伊藤：こんな遅くにご迷惑をかけてすみません。

## 語注

□ 让 ràng　させる　　□ 泡 pào　漬ける

□ 不管 bùguǎn　～にかかわらず、～であろうと

□ 多 duō　どのくらい～、どんなに～　　□ 累 lèi　疲れている

□ 会～(的) huì～(de)　(可能性があることを表す)～だろう、～のはずだ

□ 给 gěi　(物や動作の受け手を導く)～に、～のために

## ① 使役文

🔊 B56

「AはBに〜させる」という使役表現の基本構造は次のようになります。

> **A + 让ràng + B〜**
> AはBに〜させる

🔊 **你让我考虑一下。** Nǐ ràng wǒ kǎolǜ yíxià.
ちょっと考えさせてください。
考虑：考える

🔊 **让你久等了。** Ràng nǐ jiǔděng le. （主語Aが省略されています）
お待たせしました。
久等：長い間待つ

🔊 **我不让孩子玩儿游戏。** Wǒ bú ràng háizi wánr yóuxì.
私は子供にゲームをやらせません。

否定は"让"の前に"不"や"没"をつけます。

中国語の使役文を日本語に訳すとき、必ずしも「させる」と訳せるわけではありません。「〜するように言う」や「〜してもらう」など、柔軟に訳す必要があります。また、話しことばでは"让"のかわりに"叫jiào"を使うこともあります。

🔊 **医生叫我多运动。** Yīshēng jiào wǒ duō yùndòng.
（医師が私にたくさん運動させます）→医師が私にたくさん運動するように言いました。

🔊 **你叫他帮帮忙吧。** Nǐ jiào tā bāngbang máng ba.
（彼にちょっと手伝わせましょう）→彼にちょっと手伝ってもらいましょう。
帮忙：手伝う（離合動詞）

"让 / 叫"以外にも、使役関係を表せる動詞はいろいろあります。

🔊 **医生劝我减肥。** Yīshēng quàn wǒ jiǎnféi.
医師にダイエットするように勧められました。
劝：勧める

◁)) 公司派我去中国工作一年。
Gōngsī pài wǒ qù Zhōngguó gōngzuò yì nián.
会社に中国で１年間仕事するように言われました。　　　　　　派：派遣する

　以上の動詞"劝"と"派"は、意味が違いますが、「AがBに働きかけて何かをさせる」という点では、"让／叫"と共通していますね。

メモ ...........................................................................

　"让／叫"は前の課で、学んだ受け身文にも使われますが、「使役」と「受け身」のどちらの意味を表すかは、文脈や場面によって判断します。

### ❷ "多"＋形容詞　「どのくらい～」　　　◁)) B57

　「"多"＋形容詞」の形で「どれくらい～」「どれほど～」と程度を尋ねることができます。"多"の前に"有"をつけて言うこともあります。

◁)) 他的个子多高？ Tā de gèzi duō gāo?
彼の身長はどのくらいですか。　　　　　　　　　　　个子：身長、背丈

◁)) 这里到车站有多远？ Zhèli dào chēzhàn yǒu duō yuǎn?
ここは駅までどれくらい遠いですか。

　「～にかかわらず」という意味の"不管"をつけると「どんなに～でも」の意味になります。

◁)) 不管多晚，我今天一定要做完。
Bùguǎn duō wǎn, wǒ jīntiān yídìng yào zuòwán.
どんなに遅くても、きょう中に必ず完成させます。

◁)) 孩子不管多大，在父母的眼里永远是孩子。
Háizi bùguǎn duō dà, zài fùmǔ de yǎn li yǒngyuǎn shì háizi.
子供はどんなに大きくなっても、親から見ればずっと子供です。

父母：親　眼：目　永远：永遠に、ずっと

### ③ 可能性を表す助動詞 "会 huì"「～だろう、～のはずだ」

◁)) B58

助動詞 "会" については、第14課で「技能を習得してできる」ことを表す用法を習いました。今回学ぶ "会" は「～だろう、～のはずだ」という意味で、「これからそうなる（かもしれない）」という可能性があることを表します。

◁)) 她会原谅我吗？ Tā huì yuánliàng wǒ ma?
彼女は僕のことを許してくれるだろうか。                             原谅：許す

◁)) 他会理解的。 Tā huì lǐjiě de.
彼は理解してくれるはずです。

この用法の "会" は、しばしば "会～的" の形で使われます。この "的" は肯定や確定の語気を表します。

日本語に訳すとき、あえて "会" を「～だろう」などと訳出しないほうが自然な場合も多いです。

◁)) 我会努力的。 Wǒ huì nǔlì de.
努力します。／がんばります。

◁)) 我会再联系你。 Wǒ huì zài liánxì nǐ.
また連絡します。                              再：また　联系：連絡する

◁)) 我相信你一定会成功的。
Wǒ xiāngxìn nǐ yídìng huì chénggōng de.
あなたはきっと成功すると信じています。                         相信：信じる

同じ形の助動詞でも表す意味が違う場合があるので注意が必要です。これまで前置詞もいろいろ学びました。今回のスキットに出てきた "给你们添麻烦了。" の "给" ですが、「与える、あげる」という意味の動詞ではなく、「(誰々)に」という意味の前置詞です。これまで出てきた前置詞を整理しましょう。

## ➕ もうひとがんばり！

🔊 B59

### ◆ これまで習った前置詞を整理しましょう

- **"在 zài"** 「〜で」 動作が行われる場所を表す

  🔊 我在新宿换车。 Wǒ zài Xīnsù huànchē.
  私は新宿で乗り換えます。

- **"从 cóng"** 「〜から」 空間や時間の起点を表す

  🔊 你是从哪儿来的？ Nǐ shì cóng nǎr lái de?
  あなたはどこから来ましたか。

- **"给 gěi"** 「〜に」 物や動作の受け手を表す

  🔊 给你们添麻烦了。 Gěi nǐmen tiān máfan le.
  ご迷惑をおかけしました。

- **"比 bǐ"** 「〜より」 比較を表す

  🔊 牛肉比鸡肉贵。 Niúròu bǐ jīròu guì.
  牛肉は鶏肉より高いです。

- **"跟 gēn"** 「〜と」 比較を表す

  🔊 今天跟昨天一样热。 Jīntiān gēn zuótiān yíyàng rè.
  きょうはきのうと同じくらい暑いです。

- **"用 yòng"** 「〜で ; 〜を使って」 手段や方法を表す

  🔊 用中文怎么说？ Yòng Zhōngwén zěnme shuō?
  中国語で何と言いますか。

**1** 与えられた漢字の上にピンインを、
ピンインの下に漢字を書いてください。

(1)　　　　　　　　(2)　　　　　　　　(3)

累　　　　　　考虑　　　　　父母

(4) ràng　　　　　(5) bāngmáng　　　　(6) yuánliàng

**2** 日本語の意味になるよう、語句を正しい順に並べ替えてください。

(1) 彼を買い物に行かせましょう。
　　（ 他 / 买东西 / 去 / 吧 / 让 ）。

_____

(2) 彼はきっと満足するだろう。　　　　　　　（満足する：满意 mǎnyì）
　　他（ 满意 / 会 / 一定 / 的 ）。

_____

(3) このすいかはどのくらい重いですか。　　　（重い：重 zhòng）
　　（ 这个西瓜 / 多 / 有 / 重 ）?

_____

(4) 先生は私たちにたくさん復習するように言いました。（復習する：复习 fùxí）
　　（ 复习 / 让 / 多 / 老师 / 我们 ）。

_____

## 3 日本語を中国語に訳してください。

（1）私に行かせてください。

_____

（2）あなたの家はどのくらい遠いですか。

_____

（3）父はきっと怒るだろう。 (怒る：生气 shēngqì)

_____

（4）どんなに忙しくても、(私は) 必ず行きます。("不管"と"要"を使って)

_____

## 4 音声を聞いて、簡体字とピンインを書き取ってください。 ◁)) B60

簡体字　　　　　　　　　　ピンイン

（1）_____　　_____

（2）_____　　_____

（3）_____　　_____

（4）_____　　_____

# "把"構文、程度補語、反語文

# 把这里当作自己的家吧。

Bǎ zhèli dàngzuò zìjǐ de jiā ba.

ここを自分の家だと思いなさい。

## これを学ぼう！

☐ "把bǎ"構文

☐ 程度補語

☐ 反語文

## これができる！

☐ 動作の結果にフォーカスする表現ができる

☐ 程度補語の形で形容詞を強調することができる

☐ 反語文を使うことができる

中国語の動詞文の基本語順は「主語＋動詞＋目的語」ですが、実は日本語と同じ「主語＋目的語＋動詞」という語順で表現することもあります。もちろん、わざわざ目的語を動詞の前に引っ張ってくるのには、それなりの理由があります。

## 🔍 ロードマップ

- 一般動詞文の表現方法との違いに注意しながら、前置詞 "把（〜を）" を用いる**"把"構文**を学びます。 ➡ **1**

- 「形容詞＋程度補語」の形で**程度の甚だしさを強調する表現**を学びます。 ➡ **2**

- 3つのタイプの**反語文**を学んで、表現の幅を広げましょう。 ➡ **3**

196

今回のシチュエーション

# 元気がもらえる「回家」

仕事の悩みを聞いてもらって、伊藤さんはすっかり気分がよくなった。

🔊 B61

Bǎ fánnǎo shuōchūlai yǐhòu, xīnqíng hǎo duōle.

**伊藤**：把烦恼说出来以后，心情好多了。

Zhēn xièxie nín.

真谢谢您。

Xiè shénme ya?　　Zhèige diàn jiù jiào "Huíjiā".

**李**：谢什么呀？　这个店就叫"回家"。

Bǎ zhèli dàngzuò zìjǐ de jiā ba.

把这里当作自己的家吧。

**伊藤**：悩みを打ち明けたら、気分がだいぶすっきりしました。

本当にありがとうございます。

**李**：お礼なんか必要ないよ！　この店の名前が「回家」なんだから、

ここを自分の家だと思いなさい。

**語注**

□ 把 bǎ　〜を　　□ 烦恼 fánnǎo　悩み

□ 说出来 shuōchūlai　（動詞＋方向補語）口に出す、打ち明ける

□ 心情 xīnqíng　気分、気持ち　　□ 呀 ya　"啊"と同じ（P.160 参照）

□ 当作 dàngzuò　〜と見なす、〜と思う

# [ この課のポイント ]

## ❶ "把 bǎ" 構文 「A は B を〜」

「A は B を〜」と言えば、これまでに "我喝葡萄酒。(私はワインを飲みます)" のような「主語＋動詞＋目的語」の動詞文をたくさん見てきましたね。今回習うのは、前置詞 "把" を用いて、目的語を動詞の前に持ってくる形の "把" 構文です。

> ### A ＋ 把 bǎ ＋ B ＋ 動詞 ＋ 〜
> A は B を〜する

◁) **他把一瓶葡萄酒都喝光了。**
Tā bǎ yì píng pútaojiǔ dōu hēguāng le.
彼はワインを 1 本全部空けてしまいました。　　　　　　　　光：何も残っていない様

◁) **把豆腐切成小块。** Bǎ dòufu qiēchéng xiǎo kuài.
豆腐を賽の目に切ります。　　　　　　　　　切成：〜に切る　块：かたまり

◁) **我把女朋友的生日忘了。**
Wǒ bǎ nǚpéngyou de shēngrì wàng le.
彼女の誕生日を忘れてしまいました。

　ただ単に事実を述べる一般的な動詞文に比べて、"把" 構文は目的語に対してどのような処置を施すか、あるいはどのような影響・結果をもたらすか、それによって目的語がどのように変化したかを強調する文になります。もっと簡単に言えば、"把" 構文は「動作の結果にフォーカスする」表現です。

### 📖 メモ

　"把" 構文の動詞はハダカの状態で終えることができません。結果補語や "了" などをつける必要があります。

## ② 程度補語　　　　　　　　　　　　　　◁)) B63

　程度の甚だしさを表現するには、形容詞の前に"很""非常""特別"などの程度副詞をつけるほか、形容詞のあとに程度補語を加える形もあります。程度補語には2つのタイプがあり、主に話しことばで使われます。

### (1) "得"が必要なタイプ：「形容詞＋"得"＋程度補語」

◁) 今天热<u>得</u>要命。 Jīntiān rède yàomìng.
きょうは暑くて死にそうです。　　　　　　　　　要命：死ぬほど〜

◁) 她紧张<u>得</u>不得了。 Tā jǐnzhāngde bùdéliǎo.
彼女はひどく緊張しています。　　　不得了：〜でたまらない、ひどく〜

◁) 自己做饭比在外边吃便宜<u>得</u>多。
Zìjǐ zuòfàn bǐ zài wàibian chī piányide duō.
自炊は外食よりずっと安上がりです。

### (2) "得"を必要としないタイプ：「形容詞＋程度補語」

◁) 好极了！Hǎo jíle!
最高です！　　　　　　　　　　　极了：極めて〜、最高に〜

◁) 啊，饿死了。 À, è sǐle.
ああ、おなかがすいて死にそうだ。　　　　　　死了：死ぬほど〜

◁) 你的发音比以前好多了。
Nǐ de fāyīn bǐ yǐqián hǎo duōle.
あなたの発音は以前よりずっとよくなりました。　　发音：発音

📖✏ メモ .......................................................
　"〜得多"と"〜多了"はいずれも比較表現に用いられ、差が甚だしいことを表します。両者は言いかえることができます。

199

# ❸ 反語文

<audio> B64

「行きたいって言わなかった？(=言ったよね)」「あんなに高い値段で、誰が買うの？(=誰も買わないよ)」など、質問をしているわけではなく疑問文の形で語気を強める反語文。会話ではよく使われる表現です。中国語の反語文は主に3つのタイプに分けられます。

## ⑴ "不是～吗？"タイプ

你不是说想去吗？ Nǐ bú shì shuō xiǎng qù ma?
行きたいって言ったじゃない？

你今天不是要早起吗？ Nǐ jīntiān bú shì yào zǎoqǐ ma?
きょうは早起きするんじゃなかったの？

## ⑵ 疑問詞を用いるタイプ

那么贵，谁买呀？ Nàme guì, shéi mǎi ya?
あんなに高い値段で、誰が買うの？

我怎么知道？ Wǒ zěnme zhīdao?
私が知るわけないでしょう？

## ⑶ "难道 nándào (まさか)"などの副詞を用いるタイプ

你难道忘了吗？ Nǐ nándào wàng le ma?
まさか忘れたんじゃないだろうな？

难道我被他骗了？ Nándào wǒ bèi tā piàn le?
まさか彼にだまされたんじゃないだろうな？

骗：騙す

**➕ もうひとがんばり！**

## ◆ "把"構文でないと表現できないことがある

動作の結果にフォーカスするかどうかという違いはありますが、"把"構文を一般的な動詞文の語順で表現できることもあります。

我把女朋友的生日忘了。⇒ 我忘了女朋友的生日。

しかし、動作によって目的語の形態・位置・帰属先などに変化が起きる場合は、必ず"把"構文を使わなければなりません。

- 形態の変化

◁) 请把日语翻译成中文。
Qǐng bǎ Rìyǔ fānyìchéng Zhōngwén.
日本語を中国語に訳してください。　　　　　　　翻译：訳す

- 位置の変化

◁) 我把啤酒放进冰箱里了。
Wǒ bǎ píjiǔ fàngjìn bīngxiāng li le.
ビールを冷蔵庫に入れました。

- 帰属先の変化

◁) 他把伞借给我了。 Tā bǎ sǎn jiègěi wǒ le.
彼は傘を私に貸してくれました。　　　　　　借给：(〜に) 貸す

1 与えられた漢字の上にピンインを、
ピンインの下に漢字を書いてください。

(1)　　　　　　　(2)　　　　　　　(3)

　　心情　　　　　当作　　　　　　要命

(4) fánnǎo　　　(5) fāyīn　　　　(6) fānyì


2 日本語の意味になるよう、語句を正しい順に並べ替えてください。

(1) 私はうれしくてたまりません。
　（ 我 / 不得了 / 高兴 / 得 ）。

_____

(2) 彼女は私よりずっと若いです。
　她（ 年轻 / 比 / 我 / 多了 ）。

_____

(3) あの本を彼に貸しました。
　我（ 那本书 / 他 / 借给 / 把 ）了。

_____

(4) あなたは辛いのが苦手じゃなかったの？
　你（ 不喜欢 / 辣的 / 吃 / 不是 ）吗？

_____

**3** 日本語を中国語に訳してください。

(1) 最高においしいです。("极了"を使って)

_____

(2) 私は友達の誕生日を忘れてしまいました。

_____

(3) 日本語を英語に訳してください。 (英語：英语 Yīngyǔ)

_____

(4) あなたはまさか知らないの？("难道"を使って)

_____

**4** 音声を聞いて、簡体字とピンインを書き取ってください。 ◁)) B66

|  | 簡体字 | ピンイン |
|---|---|---|
| (1) | _____ | _____ |
| (2) | _____ | _____ |
| (3) | _____ | _____ |
| (4) | _____ | _____ |

解答は217ページ

# 存現文、形容詞の重ね型、可能補語

# 吃不完吧?

Chībuwán ba?

食べ切れないでしょう?

・・・・・・・・・・・・・・・・・・・・・・・・・・・・・・・・・・・・・・・・・・・・・・・・・・・・・・・・・・・・・・・・・・・・・・・・・・・・・・・・・・

### これを学ぼう!

☐ 存在や出現・消失を表す存現文

☐ 形容詞の重ね型

☐ 可能補語

### これができる!

☐ 物や人の存在や出現・消失の表現ができる

☐ 形容詞を重ね型にして、よりいきいきとした表現ができる

☐ 補語の形で可能・不可能を表すことができる

これまで頑張って一歩一歩進んで、やっと最後の課に辿り着きましたね! 今回も重要文法と表現がたくさんありますよ。気を引き締めて頑張りましょう。"你一定做得到! Nǐ yídìng zuòdedào!（あなたならきっとできる!)"

## 🔘 ロードマップ ▯▯▯▯▯▯▯▯▯▯▯▯▯▯▯▯▯▯▯▯▯▯▯▯▯▯▯▯▯▯▯▯▯▯▯▯▯▯▯▯▯▯▯▯▯▯

- ある場所に物や人が存在する・現れることを表す「存現文」を学びます。
  → ❶

- 描写効果が倍増する形容詞の重ね型を学びます。→ ❷

- 最後の主要な補語「可能補語」を学びます。→ ❸

今回のシチュエーション

# 乾杯！

新年のパーティーに全員が集まる。

🔊 B67

Dàjiā dōu gāogāoxìngxìng de, hǎoxiàng yìjiārén yíyàng.
**伊藤：** 大家都高高兴兴的，好像一家人一样。

Shì a.　Zhuōzi shang bǎizhe zhème duō cài!
**王：** 是啊。桌子上摆着这么多菜！

Chībuwán ba?
吃不完吧？

"Huíjiā" de rén zhème duō, yídìng chīdewán.
**伊藤：** "回家"的人这么多，一定吃得完。

（祝杯を挙げて）

Zhù dàjiā xīnnián kuàilè, wànshì rúyì!
**李・劉：** 祝大家新年快乐，万事如意！

Gānbēi!
**みんな：** 干杯！

**伊藤：** みんなすごく楽しそうで、家族みたいですね。

**王：** そうね。テーブルに料理がこんなにたくさん！ 食べ切れないでしょう？

**伊藤：** 「回家」の人がたくさんいるから、きっと食べ切れますよ。

**李・劉：** みなさん、新年おめでとうございます！ すべてが順調でありますように！

**みんな：** 乾杯！

## 語注

□ 好像～一样 hǎoxiàng～yíyàng　まるで～のようだ

□ 一家人 yìjiārén　一家族の人　　□ 摆 bǎi　並べる

□ 吃不完 chībuwán　（動詞＋可能補語）食べ切れない

□ 吃得完 chīdewán　（動詞＋可能補語）食べ切れる　　□ 祝 zhù　心から願う、祈る

□ 新年快乐 xīnnián kuàilè　（慣用表現）新年おめでとう

□ 万事如意 wànshì rúyì　（慣用表現）すべてが順調でありますように

□ 干杯 gānbēi　乾杯する

## ［ この課のポイント ］

### **①** **存現文**

B68

　ある場所に物や人が存在する、または出現・消失することを表す文を存現文と言います。

**⑴ 存在を表す場合**

　動詞"有"を用いて、物や人の存在を表す構文は第6課で学びました。今回の学習で、単に存在を表す"有"だったものが「動詞＋"着"」の形に「バージョンアップ」して、どのような状態で存在しているのかを表現できるようになります。

```
┌─────────────┐   バージョン   ┌────────────────────┐
│ 場所＋有＋物／人 │ ───アップ──→ │ 場所＋動詞＋着＋物／人 │
└─────────────┘               └────────────────────┘
```

桌子上有很多菜。
Zhuōzi shang yǒu hěn duō cài.
テーブルにたくさんの料理があります。

桌子上摆着很多菜。
Zhuōzi shang bǎizhe hěn duō cài.
テーブルにたくさんの料理が並べてあります。

冰箱里冰镇着啤酒呢。
Bīngxiāng li bīngzhènzhe píjiǔ ne.
冷蔵庫 (の中) にビールが冷やしてありますよ。

冰镇：冷やす

**⑵ 出現・消失を表す場合**

　動詞 (フレーズ) が出現や消失を表すものだと、ある場所に物や人が現れたり、ある場所から物や人が消えたりすることを表します。

```
┌──────────────────────────────────────┐
│ 場所＋出現・消失を表す動詞 (フレーズ) ＋物／人 │
└──────────────────────────────────────┘
```

河面上漂过来一个大桃子。
Hémiàn shang piāoguòlai yí ge dà táozi.
川面を大きな桃が流れてきました。

河面：川面　漂：漂う、流れる　桃子：桃

🔊狗身上掉了很多毛。
Gǒu shēn shang diàole hěn duō máo.
犬の体から毛がたくさんぬけました。　　　　　身上：体、身　掉：落ちる、ぬける

**2** 形容詞の重ね型　　　　　　　🔊B69

　"高兴"→"高高兴兴"のように、形容詞を重ね型にすると、程度がより強調され、いきいきとした描写になります。基本的に、1文字形容詞Aの重ね型はAA、2文字形容詞ABの重ね型はAABBになります。

🔊味道甜甜的，很好吃。Wèidao tiántián de, hěn hǎochī.
　味がとても甘くておいしいです。

🔊他高高兴兴地回家了。Tā gāogāoxìngxìng de huí jiā le.
　彼はとてもうれしそうに家に帰りました。

　形容詞の重ね型が述語になる場合は、"的"を伴う必要があります。連用修飾語になる場合は、通常"地 de"を伴います（省略できる場合もあります）。

　比喩の意味が含まれる形容詞など、重ね型がABABの形になるものもあります。

🔊雪白 xuěbái　→　雪白雪白 xuěbáixuěbái
　　　　　　　　　　　雪のように白い

🔊冰凉 bīngliáng →　冰凉冰凉 bīngliángbīngliáng
　　　　　　　　　　　氷のように冷たい

📖✏️メモ ........................................................
　形容詞の重ね型に"很"などの程度副詞や"不"をつけることはできません。

　　❌很甜甜　　❌不高高兴兴

**③ 可能補語** ◁り B70

可能補語は「〜できる／〜できない」と可能・不可能の意味を表します。可能補語には主に以下の3つのタイプがあります。

**⑴ 結果補語・方向補語から派生するタイプ**

動詞と結果補語や方向補語の間に"得 de／不 bu"を入れると、「〜できる／〜できない」の意味を表す可能補語の形になります。

|  | 【肯定形】 | 【否定形】 |
|---|---|---|
| ◁り 吃完 chīwán →<br>食べ終える | 吃得完 chīdewán<br>食べ終えることができる ／ | 吃不完 chībuwán<br>食べ終えることができない |
| ◁り 回来 huílai →<br>帰ってくる | 回得来 huídelái<br>帰ってこられる ／ | 回不来 huíbulái<br>帰ってこられない |

※可能補語の形では、"来／去"は元の声調で発音されます。

◁り 现在还预约得到吗？ Xiànzài hái yùyuēdedào ma?
今まだ予約を取れますか。

◁り 没有电车了，回不去了。
Méiyou diànchē le, huíbuqù le.
電車がなくなって、帰れなくなりました。

◁り 你听得懂上海话吗？ Nǐ tīngdedǒng Shànghǎihuà ma?
上海語を聞いて分かりますか。

—— 听不懂。 Tīngbudǒng.
分かりません。

## (2) 慣用句タイプ

可能補語の形で用いられる、慣用句となったタイプです。1語として丸ごと覚えましょう。

◁ッ) 现在去还来得及吗？ Xiànzài qù hái láidejí ma?
今行けばまだ間に合いますか。 　　　　　　来得及：間に合う

　　—— 已经来不及了。 Yǐjīng láibují le.
　　　もう間に合いませんね。 　　　　　来不及：間に合わない

◁ッ) 不要看不起别人。 Búyào kànbuqǐ biéren.
人のことをバカにするな。 　　　　　　看不起：見下す、バカにする

## (3)「動詞+"得了 deliǎo/ 不了 buliǎo"」のタイプ

【肯定形】　　　　　　　【否定形】

動詞+"得了"「～できる」　動詞+"不了"「～できない」

◁ッ) 这么多东西，你拿得了吗？
Zhème duō dōngxi, nǐ nádeliǎo ma?
こんなにたくさんのものを持てますか。

◁ッ) 我一直忘不了她。 Wǒ yìzhí wàngbuliǎo tā.
私はずっと彼女のことが忘れられません。 　　　一直：ずっと

ゴールしましたね。おめでとうございます。そしてお疲れ様でした！この本で中国語の基礎文法をひととおり学んだことになりますが、ここが終点ではありません。これからはまた新しいスタートラインに立って、ぜひ中国語の学習を続けてください。ずっと応援しています！ 最後に僕が好きなことばをお贈りします。

"学如逆水行舟，不进则退。Xué rú nì shuǐ xíng zhōu, bú jìn zé tuì."
学ぶことは流れに逆らって船を進めるが如し、常に前進しなければ退歩する。

**1** 与えられた漢字の上にピンインを、
ピンインの下に漢字を書いてください。

(1)　　　　　　　(2)　　　　　　　(3)

祝　　　　　　干杯　　　　　桃子

(4) gāoxìng　　　(5) bīngzhèn　　　(6) xīnnián kuàilè

**2** 日本語の意味になるよう、語句を正しい順に並べ替えてください。

(1) 声が小さすぎてはっきり聞こえません。　　　　　(声：声音 shēngyīn)
　　声音太小了,（ 我 / 不 / 听 / 清楚 ）。

_____

(2) 彼女はすらっと背の高い人が好きです。
　　她（ 高高的 / 个子 / 人 / 喜欢 ）。

_____

(3) 私はあした用事があって来られません。
　　我（ 有事 / 不了 / 来 / 明天 ）。

_____

(4) 彼はうれしそうでまるで子供みたいです。
　　他（ 好像 / 一样 / 高兴 / 孩子 / 得 ）。

_____

**3 日本語を中国語に訳してください。**

(1) 広東語を聞いて分かりますか。　　　（広東語：广东话 Guǎngdōnghuà）

＿＿＿＿＿＿＿＿＿＿＿＿＿＿＿＿＿＿＿＿

(2) 食べ切れなかったら持って帰りましょう。　（持って帰る：带回去 dàihuíqu）

＿＿＿＿＿＿＿＿＿＿＿＿＿＿＿＿＿＿＿＿

(3) 店の中にたくさんの人が座っています。　（店の中：店里 diàn li）

＿＿＿＿＿＿＿＿＿＿＿＿＿＿＿＿＿＿＿＿

(4) 桃の中から1人の男の子が飛び出しました。　（飛び出す：跳出来 tiàochūlai）

＿＿＿＿＿＿＿＿＿＿＿＿＿＿＿＿＿＿＿＿

**4 音声を聞いて、簡体字とピンインを書き取ってください。**　◁》B71

　　　　　　　簡体字　　　　　　　　　　ピンイン

(1) ＿＿＿＿＿＿＿＿＿＿　　＿＿＿＿＿＿＿＿＿＿

(2) ＿＿＿＿＿＿＿＿＿＿　　＿＿＿＿＿＿＿＿＿＿

(3) ＿＿＿＿＿＿＿＿＿＿　　＿＿＿＿＿＿＿＿＿＿

(4) ＿＿＿＿＿＿＿＿＿＿　　＿＿＿＿＿＿＿＿＿＿

**第1課**

1 (1) shì (2) Rìběnrén (3) Zhōngguórén (4) 吗 (5) 欢迎 (6) 光临

2 (1) 她是老师。 (2) 我不是大学生。 (3) 你不是中国人吗？
(4) 中国的首都是北京。

3 (1) 您好。 (2) 我是日本人。 (3) 你是中国人吗？ (4) 我叫伊藤大辉。

4 (1) 姓 xìng (2) 老师 lǎoshī (3) 你们 nǐmen (4) 留学生 liúxuéshēng

**第2課**

1 (1) càidān (2) xièxie (3) diàn (4) 这 (5) 什么 (6) 谁

2 (1) 她爸爸是医生。 (2) 那是我们学校。 (3) 这不是我的伞。
(4) 这些都是老师的书。

3 (1) 那是什么？ (2) 谁是老师？ (3) 这是什么书？ (4) 这些都是日本菜。

4 (1) 梅花 méihuā (2) 首都 shǒudū (3) 乌龙茶 wūlóngchá
(4) 招牌菜 zhāopáicài

**第3課**

1 (1) hěn (2) là (3) kāfēi (4) 吃 (5) 这个 (6) 哪个

2 (1) 我买乌龙茶。 (2) 你喝日本酒吗？ (3) 这个菜非常辣。
(4) 我们去看樱花。

3 (1) 今天热吗？ (2) 我要那个。 (3) 你喝什么？ (4) 我喝咖啡。

4 (1) 高兴 gāoxìng (2) 好吃 hǎochī (3) 三明治 sānmíngzhì
(4) 请稍等 qǐng shāo děng

**第4課**

1 (1) duōshao (2) píjiǔ (3) rìyuán (4) 钱 (5) 麻烦 (6) 结账

2 (1) 乌龙茶两块五毛钱。 (2) 我买两个三明治。 (3) 一共一千零一十日元。
(4) 这支笔是我的。

3 (1) 麻烦您，结账。 (2) 这支笔多少钱？ (3) 我要一杯生啤酒。
(4) 一共一千零五十日元。

4 (1) 套餐 tàocān (2) 生啤酒 shēngpíjiǔ (3) 十块钱 shí kuài qián
(4) 一万一千 yíwàn yìqiān

1 (1) jiā (2) nǎr (3) yídìng (4) 车站 (5) 对面 (6) 以后

2 (1) 西瓜在冰箱里。 (2) 请吃苹果吧。 (3) 你现在在哪儿？
(4) 我们公司在车站对面。

3 (1) 李老师不在学校。 (2) 洗手间在那儿。 (3) 笔在桌子上。
(4) 下次来玩儿吧。

4 (1) 手机 shǒujī (2) 旁边 pángbiān (3) 公司 gōngsī (4) 请喝茶 qǐng hē chá

1 (1) zhù (2) yě (3) zǒu (4) 对 (5) 不过 (6) 喜欢

2 (1) 樱花开了吗？ (2) 明天我得早起。 (3) 他有很多朋友。
(4) 冰箱里有一个西瓜。

3 (1) 我明白了。 (2) 他不来了。 (3) 今天不用去公司。
(4) 桌子上有一杯咖啡。

4 (1) 多 duō (2) 困 kùn (3) 明白 míngbai (4) 再见 zàijiàn

1 (1) zìjǐ (2) xīngqīyī (3) bù hǎoyìsi (4) 做饭 (5) 休息 (6) 便当

2 (1) 你吃什么了？ (2) 她买了很多衣服。 (3) 我要了两个菜。
(4) 今天八月三号星期二。

3 (1) 今天(是)星期几？ (2) 这个菜真辣啊！ (3) 他喝了三杯啤酒。
(4) 我吃了两个三明治。

4 (1) 做 zuò (2) 饺子 jiǎozi (3) 星期三 xīngqīsān (4) 几月几号 jǐ yuè jǐ hào

1 (1) yào (2) zhùyì (3) shēntǐ (4) 给 (5) 别 (6) 客气

2 (1) 请给我一张纸。 (2) 别告诉他电话号码。 (3) 你教我中文吧。
(4) 睡前不应该喝咖啡。

3 (1) 你应该感谢他。 (2) 请给我一杯水。 (3) 今天不用做饭。
(4) 你别(/不要)抽烟了。

4 (1) 教 jiāo (2) 告诉 gàosu (3) 不用谢 búyòng xiè (4) 添麻烦 tiān máfan

**第9課**

1 (1) chàng (2) máng (3) zuìjìn (4) 胖 (5) 时间 (6) 可爱

2 (1) 这个菜做得太辣了。(2) 你没喝酒吧？(3) 这是你的新手机吗？
(4) 她中文歌唱得非常好。

3 (1) 你是中国人吧？(2) 你吃得太多了。(3) 他跑得很快。
(4) 我要一杯热咖啡。

4 (1) 吃午饭 chī wǔfàn (2) 弹钢琴 tán gāngqín (3) 男朋友 nánpéngyou
(4) 没问题 méi wèntí

**第10課**

1 (1) yìqǐ (2) zhōumò (3) tián (4) 远 (5) 特别 (6) 电影

2 (1) 今天不太热。(2) 你有没有中国朋友？(3) 一起去看电影吧。
(4) 这个点心太甜了。

3 (1) 你家远不远？(2) 我也不太明白。(3) 今天吃饺子吧。
(4) 你也喝咖啡吗？

4 (1) 不太远 bú tài yuǎn (2) 看电影 kàn diànyǐng (3) 一起去 yìqǐ qù
(4) 有时间 yǒu shíjiān

**第11課**

1 (1) wèi (2) jiéhūn (3) fángzi (4) 阿姨 (5) 试穿 (6) 什么时候

2 (1) 现在差五分两点。(2) 你问一下老师吧。(3) 我想去中国旅游。
(4) 中国的人口有多少？

3 (1) 那两点半见吧。(2) 现在几点？(3) 我想买衣服。
(4) 我去一下洗手间。

4 (1) 喂 wéi (2) 想 xiǎng (3) 预约 yùyuē (4) 晚上 wǎnshang

**第12課**

1 (1) tóngshì (2) yǐqián (3) dǎgōng (4) 介绍 (5) 时候 (6) 换车

2 (1) 我没学过钢琴。(2) 我想在书店工作。(3) 你买过彩票没有？
(4) 爸爸照了很多相。

3 (1) 我去过中国。(2) 请在这儿写一下。
(3) 我们以前没(有)见过(面)。(4) 我没(有)读过那本书。

4 (1) 换车 huànchē (2) 读书 dúshū (3) 介绍 jièshào (4) 以前 yǐqián

1 (1) wàng  (2) qǐchuáng  (3) Běihǎidào  (4) 从  (5) 小时  (6) 公交车

2 (1) 你是哪年出生的？ (2) 你昨天几点睡的？ (3) 你们休息十分钟吧。
　 (4) 我妈妈做的饺子很好吃。

3 (1) 哪个菜不辣？ (2) 他在北京工作过一年。 (3) 你(是)从哪儿来的？
　 (4) 你(是)从什么时候开始学中文的？

4 (1) 巧 qiǎo  (2) 去年 qùnián  (3) 地铁 dìtiě  (4) 每天 měitiān

1 (1) shūshu  (2) gōnglǐ  (3) hǎojiǔ bú jiàn  (4) 风  (5) 吉他  (6) 遥控器

2 (1) 我不会开车。(2) 我喝啤酒，你呢？ (3) 今天天气不太好。
　 (4) 你能吃几个饺子？

3 (1) 我不会弹钢琴。(2) 我工作很忙。 (3) 我可以请假吗？
　 (4) 我在新宿换车，你呢？

4 (1) 能 néng  (2) 见到 jiàndào  (3) 特别 tèbié  (4) 游泳 yóuyǒng

1 (1) gèng  (2) liángkuai  (3) qìwēn  (4) 公园  (5) 鸡肉  (6) 接电话

2 (1) 我在便利店打工。(2) 他在玩儿游戏呢。 (3) 我没有他那么忙。
　 (4) 中国的饺子跟日本的不太一样。

3 (1) 这个比那个贵。 (2) 我(正)在学中文(呢)。 (3) 他跟我一样大。
　 (4) 我们(正)在吃饭(呢)。

4 (1) 那么 nàme  (2) 年轻 niánqīng  (3) 正在 zhèngzài  (4) 一样 yíyàng

1 (1) diǎn  (2) shībài  (3) shāngliang  (4) 请客  (5) 真的  (6) 上网

2 (1) 我下了课就去打工。(2) 我什么音乐都喜欢。
　 (3) 你想买什么就买什么吧。(4) 这里就是我出生的地方。

3 (1) 你问(一)问老师。/你问一下老师吧。 (2) 你想去就去吧。
　 (3) 我想跟你商量商量。/我想跟你商量一下。 (4) 我们在哪儿吃饭吧。

4 (1) 看菜单 kàn càidān  (2) 真的吗？Zhēn de ma?  (3) 不客气 bú kèqi
　 (4) 等一下 děng yíxià

**第17課**

1 (1) hé  (2) qīngchu  (3) dāngrán  (4) 应该  (5) 水饺  (6) 觉得

2 (1) 该你唱了。 (2) 你喜欢猫还是喜欢狗？ (3) 北京烤鸭我还没吃过。
(4) 他现在应该在家。

3 (1) 古老肉我不太喜欢(吃)。 (2) 他应该知道我的电话号码。
(3) 你吃拉面还是(吃)炒饭？ (4) 我想吃杏仁豆腐或(者)芝麻球。

4 (1) 对了 duìle  (2) 吃水饺 chī shuǐjiǎo  (3) 考大学 kǎo dàxué
(4) 冰咖啡 bīng kāfēi

**第18課**

1 (1) biàn  (2) wèidao  (3) piányi  (4) 吃饱  (5) 怀念  (6) 厉害

2 (1) 对不起，我说错了。 (2) 爸爸又喝多了。 (3) 他一分钟也没休息。
(4) 多可爱的小猫啊！

3 (1) 对不起，我没(有)听懂。 (2) 你一点儿都(/也)不紧张吗？
(3) 我现在什么都(/也)不想吃。 (4) 这么贵啊！

4 (1) 怎么样 zěnmeyàng  (2) 打电话 dǎ diànhuà  (3) 对不起 duìbuqǐ
(4) 太便宜了！ Tài piányi le!

**第19課**

1 (1) jiǔ  (2) xiǎoxīn  (3) xià yǔ  (4) 打扰  (5) 晚饭  (6) 刚才

2 (1) 她已经回去了。 (2) 他拿出了一瓶葡萄酒。 (3) 樱花快要开了。
(4) 你要是不想吃就别吃了。

3 (1) 请进来吧。 (2) 快周末了。 (3) 我女儿明年就要考大学了。
(4) 要是(/如果)便宜(的话)(我)就买。

4 (1) 小心点儿 xiǎoxīn diǎnr  (2) 不用客气 búyòng kèqi  (3) 回去吧 huíqu ba
(4) 不能喝酒 bù néng hē jiǔ

**第20課**

1 (1) kě  (2) jiéguǒ  (3) hùzhào  (4) 站  (5) 打车  (6) 垃圾

2 (1) 她已经回家去了。 (2) 葡萄酒买回来了吗？ (3) 请拿出一张纸来。
(4) 出去的时候要戴上口罩。

3 (1) 他跑上来了。 (2) 她已经回日本来了。 (3) 我喜欢上他了。
(4) 我们都笑起来了。

4 (1) 赶上电车 gǎnshàng diànchē  (2) 睡过了 shuìguò le  (3) 走回去 zǒuhuíqu
(4) 想出来 xiǎngchūlai

1 (1) bèi　(2) hǎoxiàng　(3) pīpíng　(4) 关门　(5) 东西　(6) 因为

2 (1) 门开着呢。(2) 我被爸爸批评了。(3) 大家都戴着口罩。
　 (4) 她怎么那么可爱？

3 (1) 我们坐着说吧。(2) 我的伞被他借走了。(3) 青椒肉丝怎么做？
　 (4) 你应该系着领带去。

4 (1) 晚上好。Wǎnshang hǎo.　(2) 你怎么了？ Nǐ zěnme le?
　 (3) 我带着伞呢。Wǒ dàizhe sǎn ne.
　 (4) 我被女朋友甩了。Wǒ bèi nǚpéngyou shuǎi le.

1 (1) lèi　(2) kǎolǜ　(3) fùmǔ　(4) 让　(5) 帮忙　(6) 原谅

2 (1) 让他去买东西吧。(2) 他一定会满意的。(3) 这个西瓜有多重？
　 (4) 老师让我们多复习。

3 (1) 让(／叫) 我去吧。(2) 你家(有) 多远？ (3) 爸爸一定会生气(的)。
　 (4) 不管多忙，我一定要去。

4 (1) 让你久等了。Ràng nǐ jiǔděng le.
　 (2) 给你们添麻烦了。Gěi nǐmen tiān máfan le.
　 (3) 到车站有多远？ Dào chēzhàn yǒu duō yuǎn?
　 (4) 我会努力的。Wǒ huì nǔlì de.

1 (1) xīnqíng　(2) dàngzuò　(3) yàomìng　(4) 烦恼　(5) 发音　(6) 翻译

2 (1) 我高兴得不得了。(2) 她比我年轻多了。(3) 我把那本书借给他了。
　 (4) 你不是不喜欢吃辣的吗？

3 (1) 好吃极了。(2) 我把朋友的生日忘了。(3) 请把日语翻译成英语。
　 (4) 你难道不知道吗？

4 (1) 心情好多了。Xīnqíng hǎo duōle.　(2) 谢什么呀？ Xiè shénme ya?
　 (3) 好极了！Hǎo jíle!　(4) 我怎么知道？ Wǒ zěnme zhīdao?

1 (1) zhù　(2) gānbēi　(3) táozi　(4) 高兴　(5) 冰镇　(6) 新年快乐

2 (1) 声音太小了，我听不清楚。(2) 她喜欢个子高高的人。
　 (3) 我明天有事来不了。(4) 他高兴得好像孩子一样。

3 (1) 你听得懂广东话吗？ (2) (要是／如果) 吃不完(的话) 就带回去吧。
　 (3) 店里坐着很多人。(4) 桃子里跳出来一个男孩子。

4 (1) 好像一家人一样。Hǎoxiàng yìjiārén yíyàng.
　 (2) 这么多菜，吃不完吧？ Zhème duō cài, chībuwán ba?
　 (3) 味道甜甜的。Wèidao tiántián de.　(4) 祝你万事如意！Zhù nǐ wànshì rúyì!

# 索引

# 索引

# 文法関連索引

**著者**

# 李軼倫 り・いつりん

東京外国語大学、早稲田大学などで非常勤講師。NHK 国際放送アナウンサー。フリーランスのナレーター・声優としても活動中。NHK ラジオ講座「レベルアップ中国語」(2016 年)、「まいにち中国語」(2018 年) 講師を歴任。著書に『李軼倫先生と学ぶ はじめての中国語』『語順マスター! 中国語徹底トレーニング』(NHK 出版)、『李先生の中国語ライブ授業』『ちょこっと中国語翻訳 ネイティヴらしく表現するコツ』(白水社)、『はじめよう中国語音読』(アスク) など多数。

| | |
|---|---|
| ブックデザイン | hotz design inc. |
| DTP | デザイン・コンドウ |
| 校正 | 植屋高史、古屋順子、円水社 |
| イラスト | 別府麻衣、吉村時子(P.14・16) |
| 音声吹き込み | 李軼倫、李焱 |
| 録音 | NHK出版 宇田川スタジオ |

NHK出版　音声DL BOOK
## これからはじめる 中国語入門

2021 年 11 月 20 日　第 1 刷発行
2024 年 3 月 30 日　第 2 刷発行

著　　　者　李 軼倫
　　　　　　©2021 Li Yilun
発　行　者　松本 浩司
発　行　所　NHK 出版
　　　　　　〒 150-0042　東京都渋谷区宇田川町 10-3
　　　　　　電話　0570-009-321 (問い合わせ)
　　　　　　　　　0570-000-321 (注文)
　　　　　　ホームページ https://www.nhk-book.co.jp
印刷・製本　光邦

ISBN 978-4-14-035173-4 C0087
Printed in Japan